ここまで進んだ！
格差と貧困

稲葉 剛・青砥 恭・
唐鎌直義・藤田孝典・
松本伊智朗・川口洋誉・
杉田真衣・尾藤廣喜・
森田基彦・中西新太郎

新日本出版社

まえがき

本書を読まれる方は、今の日本社会で進行している格差と貧困の現実に触れて、愕然とされることでしょう。一応、格差と貧困の研究を専門としてきた私でさえ読後にそう感じたのですから、日本社会の深部で（というよりもおそらく世界中の深部で）いま何が起きているか想像されたことのない方は心底、驚かれるに違いありません。近年、毎日のように発生しているさまざまな陰惨な殺傷事件について、あの事件も、この事件も、その背景には本書に映し出されたような深刻な格差と貧困の広がりがあるのではないかと、お考えになるでしょう。この本に収められた論稿を読んだ直後、私の脳裏に浮かんだのは次のような心象風景でした。

どこまで続くとも分からない荒涼たる砂漠を、猛烈な砂嵐に呼吸を塞がれ、視界を遮られながら、ひたすら歩き続けています。気がつけば、いつの間にか砂漠は終わっていて、辿りついたのは休火山の火口の断崖絶壁の上でした。絶壁のはるか下方には重油のように黒々とした火口湖の水面が見えます。今しがたまで数メートル先を歩いていた人の姿が見えません。火口湖にもう一度目を転じると、そこには不気味な波紋が同心円状に広がっています。「強風で吹き飛ばされたのだろうか。苦労して砂漠を歩いてきたのは一体何のためだったのだろう。辿りついた先がこんな場所だったとは……」。そう思った瞬間、私も強風に吹き飛ばされ、悲鳴もかき消され、真っ逆さまに暗黒の火口湖に落ちて行きました。

これは単なる現代の寓話ではありません。今の日本社会が向かいつつある未来予想図です。今こうしている間にもＥＵ諸国に押し寄せている四一九万人ものシリア難民の姿に、原発事故で避難している福島の人々の姿が重なります。本書は今日の格差と貧困が人々に与えている容赦ない苦しみを鋭く糾弾している本です。

高度成長期から低成長期に移り、その限界も見えてきた一九八五年頃から、社会保障をはじめとする戦後民主主義の諸制度を改変しようとする動きが強まりました。その最も端的な改変が労働者派遣法の制定・施行であったと思います。二〇〇三年には製造業派遣も解禁され、今では非正規労働者（低所得不安定就業者）が全就業者の四割を占めるまでになりました。低賃金・無保障の寄る辺なき安価な労働者の大群から、日々莫大な企業利潤が吸い取られています。

こうして、多くの人々が格差と貧困の拡大に足元を掬われるのを日々恐れながら生きていかなければならない現在の日本社会が形成されました。舵をわずかに一度右に切るだけで、長い月日の間には、我々が乗る船は進んできた方向とは正反対の方向へ進むようになります。わずか一度の進路変更だから大丈夫と考えたのは大きな誤りだったのです。

今の日本で起きている格差と貧困の拡大は、その現れ方は国によって違っているかもしれませんが、アメリカでもＥＵ諸国でも中近東でもアフリカ諸国でも生起していることだと思います。その根源は「グローバリゼーション」という一部の大企業と大富豪がより豊かになるための営利活動の歯止めなき暴走にあり、その結果として格差と貧困が世界中で膨大に生み出されています。カール・マルクスは「資本の蓄積が進めば進むほど、その対極にいる労働者の側に貧困が蓄積される」という、有名な「絶対的窮乏化」論を主張しましたが、このテーゼは今の日本社会と世界の状況を正確に読み解くために非常に大切な指摘だと思います。格差と貧困の拡大の裏側には、巨大企業と地球上の総人口のわずか一%と言われる超富裕層の際限のない強欲が存在しています。

人間はどこまで強欲になれるのでしょうか。歴史上、個人として最も多額の資産を保有したのは、アメリカのスタンダードオイル・カンパニーの創始者であるジョン・ロックフェラーでした。その個人資産は二二兆円に達したそうです。因みに、一兆円のお金は一人の人間が毎日一〇〇万円ずつ使っても、使い切るまでに二七九四年かかります。ジョンの五人の息子たちは全員、大銀行、大化学企業、大慈善財団の頭取、社長、理事長になり、アメリカの経済と政治を支配し続けました。慈善財団を設置したのは、将来の儲けを期待できるところに寄付するためだったそうです。第一次世界大戦の戦後処理の際に、敗戦国ドイツから賠償金を搾り取れるだけ搾り取るように交渉したのは、アメリカの大統領ではなくロックフェラーの銀行の頭取でした。なぜドイツから巨額の賠償金を取る必要があったのか。それは参戦した全ての国に、この銀行が巨額の戦争遂行費用を貸し付けていたからでした。自分の銀行への返済が滞るのを恐れたのです。この圧力がナチスの台頭を準備することに繋がったのです。

マルクスは「資本」のことを「増殖する価値」と明快に定義しました。資本主義社会の強欲が際限なく膨れ上がるのは、資本家が「人格化された資本」に他ならないからです。『資本論』に出てくる再生産表式は拡大再生産表式しかありません。企業活動に単純再生産と縮小再生産は存在しないのです。だからどんなに不況の時でも、大企業だけは内部留保を積み上げます。その大きく積み上がった内部留保の代償として、働く人の側に格差と貧困がもたらされるのです。

少し気恥ずかしいのですが、誰もが知っている、とても有名な童話をお話ししたいと思います。オスカー・ワイルドの「幸福な王子」（一八八八年）という童話です（新潮文庫、西村孝次訳を参照）。

初冬になり、暖かいエジプトに帰る仲間とはぐれてしまった一羽の小さなツバメが「幸福な王子」の像の下に一夜の宿を借りました。すると大きな水のしずくが落ちてきました。幸福な王子が泣いていたのです。ツバメが理由を尋ねると、「私が人間だった頃は泣いたことはなかった。サンスーシー（無憂宮）に住んでいたので、快楽が幸福であるとしたら、実際に幸福だったから。高い塀の向こう側に何があるのか知らなかった。死んだ後、こんなに高い所に像が建てられたものだから、私の町の醜さと惨めさが全て見えてしまうのだ」と王子は答えました。そして「ツバメさん、ツバメさん、小さなツバメさん。ずっと向こうの小さな通りに貧しい家があり、熱病にかかった小さな男の子をもつ貧しいお針子の母親がいる。男の子はオレンジを欲しがっているのだが、母親は川の水しか与えられない。私の刀の柄からルビーを外して、母親の所に届けてくれないか」と頼みました。

翌日、ツバメは今日こそはエジプトに向けて飛び立とうとしますが、幸福な王子は「ツバメさん、ツバメさん、小さなツバメさん。この街のずっと向こうの、とある屋根裏部屋に、劇場の支配人のために戯曲をひとつ書き上げようとしている青年がいる。しかし、あまりに寒くて字が書けない。ひもじくて目が回りそうになっている。私の眼はサファイアで出来ているから、一つ届けてくれないか」と頼みます。

その翌日も、飛び立とうとするツバメに王子は「ツバメさん、ツバメさん、小さなツバメさん。下の広場に、小さなマッチ売りの女の子が立っている。マッチを溝に落としてしまって、お金を持って帰れないと、おいおい泣いている。私のもう一つの眼を届けてくれないか」と頼みました。

とうとう両眼を失った王子にツバメは「あなたのそばに、いつまでもいることにしましょう」と言い、王子の肩に止まって、エジプトで見たかずかずの珍しい物事を語って聞かせました。すると王子は「私の町の上を飛んで、目にした悲惨を話してくれないか」と頼みます。王子はツバメが見たことを話すたびに「私の身体の金箔を剥がして、貧しい人々に与えてくれ」と頼みました。

やがて雪が降り、霜が降りた日、小さなツバメは「さようなら、王子さま」と言って、王子の足元に落ちて死にました。その時、王子の鉛の心臓がピシリと音を立てて二つに割れました。そこに市長がやってきて、「なんてみすぼらしい像だ。美しくないのだから処分しろ。鳥の死骸も片付けろ」と命じました。鋳物工場の職工長は「なんて不思議なことだ。この鉛は炉に入れても融けやしない」と言って、ツバメの死骸がころがっている塵の山に、王子の心臓を投げ捨てました。

「町中でいちばん貴いものを二つもってきなさい」と神さまが一人の天使に命じました。天使は鉛の心臓と死んだツバメを神さまのところに持っていきました。「お前の選択は正しい。私の庭でこの鳥が永遠に歌い続けられるようにし、私の町で幸福な王子が私を褒めたたえられるようにしよう」と神さまは言いました。

本書の著者は誰一人として「幸福な王子」には該当しないでしょう。しかし、全員がそれぞれの領域で格差と貧困をなくすために奮闘している「小さなツバメ」です。本書は日本共産党中央委員会の雑誌『前衛』の「シリーズ　格差と貧困はどうすすんだか」に、二〇一五年七月号から一六年二月号にかけて連載された一〇人の著者による論稿を一冊の本にまとめたものです。書き下ろしの原稿とインタビューを整理した論稿が収録されています。今日の格差と貧困について、これほどまでに多角的に論じた本は他にないと思います。本当は、この日本の無憂宮に住んでいる「幸福な王子、幸福な王女」に真っ先に読んでもらいたい本です。私は無神論の立場ですが、他者の不幸が増大し続ける社会で、自分の幸福という名の快楽を追い求める気にはなれません。幸福な王子のように今の日本の惨状を正確に把握して頂いて、人間にとって果たして「快楽が幸福である」のかどうか再考して頂けましたら幸いです。

二〇一六年二月

執筆者の一人として　　唐鎌　直義

目次

1　若年・未婚・低所得層の住宅事情調査から見えてきたもの

稲葉　剛

■若者調査のむずかしさ

認定NPO法人ビッグイシュー基金が設立した「住宅政策提案・検討委員会」で、若者の住まいをめぐっての問題を調査し、『若者の住宅問題』―住宅政策提案書［調査編］―』（同基金編、二〇一四年発行、同基金ホームページでPDF版をアップロードしています）をまとめました。ビッグイシュー基金のプロジェクトには、参加をさせていただき、提言をまとめることが多いのですが、最初は、二〇一〇年に「若者ホームレス白書」をまとめました。そのときは、二〇代、三〇代の広い意味でのホームレスの方――路上だけでなくネットカフェなどに寝泊まりをしている方も含め――五〇人に聞き取り調査をして、実態を明らかにするということをしました。そのなかでも支援のための提言をいくつかまとめたのですが、そのとき住宅政策が重要ではないかとなりました。そこで、二〇一三年一〇月に、平山洋介・神戸大学教授を中心に、住宅政策提案・検討委員会をつくり、一一月に「住宅政策提案書」をまとめました。

その後も、とくに若い人たちの住宅の状況について明らかにしたいと思い、いろいろ話し合いをしてきました。しかし、個別のインタビューには、なかなか困難があります。脱法ハウスに暮らしている人に話を聞けないかなど、いろいろやってはみたのですが、みなさん働いていて忙しいとか、そういうところにいること自体が恥ずかしいと思っていて、なかなか答えてくれない。そこで一つの手法として、逆の方向からアプローチしようと、インターネットで調査をすることにしました。対象は首都圏と関西圏に暮らす二〇代、三〇代で、未婚、「低所得」（この調査では年収二〇〇万円未満としました）の男女です。一七六七人から回答を得ることができました。

■高い親との同居率

調査では、かなりいろいろ詳細な項目について聞いています。一番驚いたのは、二〇代、三〇代の未婚、低所得の若者のうち、七七・四％、四人のうち三人以上が、親と同居しているということです。二〇一〇年の国勢調査で、未婚の若者（首都・関西圏の二〇〜二九歳）の同居率は六一・九％で、かなり高い数字です。親との同居については、少し前に「パラサイト・シングル」という差別的な、適切でない表現でいわれたことがあります。今回、生活状況等について聞いてみると、もちろんなかには親子間の関係がよく、好きで同居しているという人もいますが、多くは経済的な理由で親元から出られない状態になってきているということが、推測できる結果でした。

たとえば、ホームレス経験についての質問では、広い意味でのホームレス経験――路上生活だけでなく、ネットカフェにいたり、友だちの家を転々としていたことも含め、安定した住まいを喪失した経験について聞いています。全体で六・六％と、非常に高い数字となりました。とくに親と別居しているグループ――全体の四分の一のグループになります――についてみると、じつに一三・五％という割合の人たちが、ホームレス状態を経験していました。七人から八人に一人という、高い数字となりました。

親と同居している人の状況と別居している人の状況は、コインの裏表のような関係にあると思います。いまの若い人たちにとって、親元から出て自分の住まいを確保する――多くの場合は賃貸住宅で、アパートやマンションを確保する――ことが、ホームレス化してしまうリスクを抱えてしまうことになりかねないのです。そのため、親元にいられる間はそちらにいて、なんとか生活を維持している方が多いのではないかと思います。

それを裏づけるのが、親元にいる人の居住パターンについての質問です（表1）。とくに三〇代を

表1　年齢別　親の家での居住パターン

（単位：%）

	親の家にずっと住んでいる	自分の住宅から親の家に戻った	（回答者数）
20〜24歳	90.5	9.5	（ 241）
25〜29歳	83.8	16.2	（ 427）
30〜34歳	79.5	20.5	（ 307）
35〜39歳	75.8	24.2	（ 322）
全　体	82.0	18.0	（1,297）

注）親持ち家または親借家で親と同居している回答者について集計。

表2　住居費負担者の月収と住居費負担（単位：%）

〈アフター・ハウジング・インカム〉	
マイナス	27.8
0〜5万円未満	17.0
5万〜10万円未満	32.9
10万〜15万円未満	17.8
15万円以上	4.5
合計	100.0

注）住居費負担のある回答者について集計。

みると、ずっと親元にいるわけではなく、いったんは外に出て自分で住まいを構えたけれど、おそらく経済的な理由が多いと思いますが、結局親元に戻ってきたという人が、三〇代前半で二〇・五%、三〇代後半になると二四・二%にのぼっています。四〜五人に一人は、いったんは家を出たけれども立ちゆかなくなって戻っているのです。それぐらい困窮が深刻化しているのではないかと思います。

　このように低所得の若者の多くは、親元に住み、住居費負担を避けることによって、生活を維持しています。しかし、親と同居している人のうち一九・二%が住居費を負担しており、回答者全体の三二・四%が住居費を負担しています。この住居費負担という点では、アフター・ハウジング・インカム（AHI）という指標に着目しました。これは平山先生が住宅政策のご専門ということで、とくにこれについて聞くべきだということで入れたものです。手取り収入は、収入総額から支払い義務のある税金・社会保障費を差し引いたものですが、AHIはこの手取り収入からさらに住居費を差し引いて算出されます。すると、三割近くの人がマイナスになってしまうという信じられない数字になっています。五万円未満、一〇万円未満が八割、ほとんどを占める（表2）。家賃を払うと生活費に回すものはほとんど残らないという人たちが、かなりの割合でいるのです。

調査は、首都圏と関西圏の人を対象に聞いていますから、大都市においては家賃負担が若者にのしかかっているということだと思います。ただでさえいまワーキングプアが増えていて、収入が低いなかでやりくりしている人が多いのが現状です。それに追い打ちをかける形で高い家賃負担や、アパートに入るときの初期費用の問題が足を引っ張っている状況が明らかになっていると思います。

■結婚には悲観的

調査を発表して以降、さまざまなマス・メディアにもとりあげていただくなど、大きな反響がありました。そのなかで、注目が集まったのが、結婚の問題です。調査の対象は未婚の人ですが、彼ら、彼女らが、結婚に関し、どのような意向をもっているのかを聞いたのが図1（次ページ）です。回答率が最も高いのは、「結婚したいと思わない」で三四・一％で、次いで、「将来、結婚したいが、結婚できるかわからない」が二〇・三％、「将来、結婚したいが、結婚できないと思う」が一八・八％、

図1　性・親との同別居・年齢別結婚に関する意向

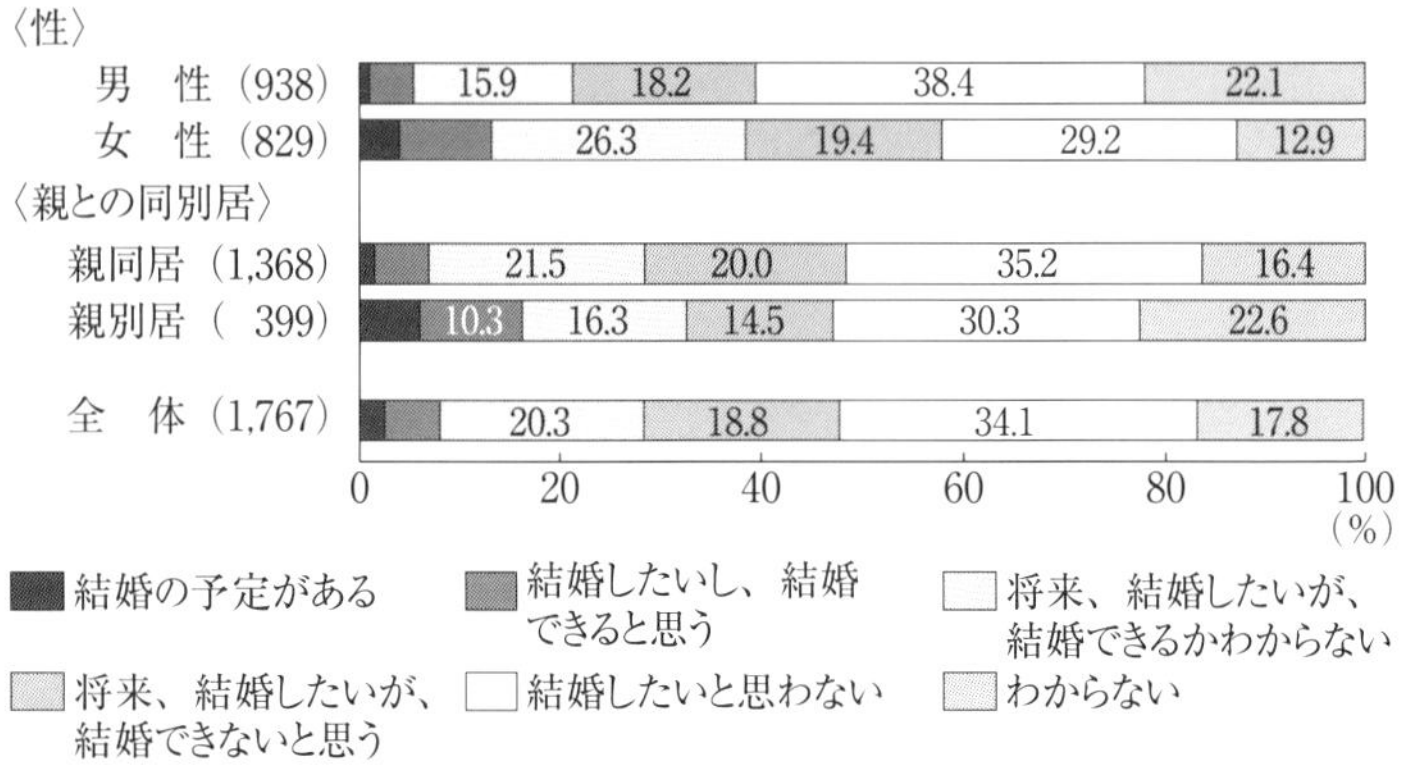

注）（　）内は回答者数。

「わからない」が一七・八％と続きます。これに対し、「結婚したいし、結婚できると思う」は六・六％と少なく、「結婚の予定がある」は二・五％とほぼ皆無で、あわせても一割に満たないのです。七割以上の若い人が結婚には悲観的もしくは消極的です。

もちろん人によっていろいろグラデーションはあるでしょう。しかし、あまり積極的でなく、「できないと思う」という回答が多い。これについてはいろいろな要因があるとは思いますが、経済的に困窮しているワーキングプアであったり、収入が低いことが影響していることは間違いないと思います。しかも、親同居のグループでは、親別居の場合に比べ、「結婚できるかわからない」「結婚できないと思う」「結婚したいと思わない」がより高いのです。親同居のケースにおいては、無職率がより高く、収入がより少ないのですが、自分一人で住まいを確保することすら困難な状況のなかで、先の人生の見通しが持てないことがこういう結果につながっているのではないでしょうか。私は、記者会見のときに、「社会に埋め込まれた時限爆弾だ」と言ったのですが、今すぐにはどうということではないかもしれません。けれども、放置しておけばこれは少子化と相まって、さらにそれを加速化させるという状況になっていきます。もっと危機感を持ってもらいたいと思っています。

学歴も聞いていますが、意外と大学卒業が多く、三人に一人は大卒です。もちろん若者の貧困につ

表3　家庭、学校、仕事、病気・事故に関する困難の経験【それぞれ複数選択】

（単位：％）

〈家庭での経験〉	
親の経済困難	16.3
親との死別	9.3
父母の離婚や別居	11.1
親子関係などの家族関係の不和や断絶	13.1
親や兄弟姉妹からの虐待や暴力	4.9
家庭でのその他の大きな出来事	1.1
家庭での上記のような経験はない	62.5
〈学校での経験〉	
いじめ	34.2
不登校やひきこもり	22.5
受験での失敗や挫折	14.4
学校でのその他の大きな出来事	1.9
学校での上記のような経験はない	48.6
〈仕事に関する経験〉	
新卒期の就職活動での失敗や挫折	21.0
リストラや解雇・倒産などあなたの意志によらない退職	13.1
長時間残業や休日勤務、低賃金など劣悪な条件のもとでの労働	17.9
職場での人間関係のトラブル	28.4
職場でのその他の大きな出来事	1.2
職場での上記のような経験はない	50.5
〈病気や事故、災害などの経験〉	
生活に支障があるような疾患や障がいを持った	11.5
うつ病などの精神的な問題をかかえた	27.6
大きな事故や災害に遭遇した	4.7
病気や事故、災害などに関するその他の大きな出来事	1.6
病気や事故、災害などに関する上記のような経験はない	63.3
（回答者数）	（1,767）

いては、貧困の世代間連鎖ということが言われ、出身家庭が貧困——とくに生活保護を受けていたりすると、大学に行けず、高校中退や高卒で働いて、自分もまた非正規で貧困になるということが多いと指摘されていますが、そうしたケースだけではなく、大学生の就職状況や就職後の労働条件が年々厳しくなっているもとで、大学を出ても貧困状態にある人たちが増えているのです。

家庭、学校、仕事、病気・事故に関するさまざまな困難の経験の有無をたずねています（表3）。学校生活に関しては、「いじめ」を経験した人たちが三四・二％と多く、さらに「不登校・ひきこもり」の経験者が二二・五％を占めています。仕事関連では、「職場での人間関係のトラブル」が二八・四％、「新卒期の就職活動での失敗・挫折」が二一・〇％で二割を上回っています。加えて、「うつ病などの精神的な問題」をかかえた人たちが二七・六％にのぼります。よくいわれる「就活」での失敗や挫折がきっかけとなって、仕事ができなくなったり、うつになる、あるいはいったん正社員で働いたがリストラにあったり、ブラック企業のような長時間残業でうつになったなど、職場の環境が劣悪で働けなくなった人が増えていることが推測できる結果になっているのです。

■背景には非正規の増大が

この調査自体は、若者の貧困と住まいについての現状を調べたもので、原因まで深くさかのぼる内容にはなっていません。しかし、こうした現状の背景には、やはり非正規が増えていることがあると私は思います。一〇代の六割、二〇代の男性で二割、女性では六割が非正規で、働いても生活が維持できないワーキングプアが増えています。非正規が増えると、何とか正社員の椅子につけた人たちの労働環境も悪化します。弱みにつけ込むような形で、「正社員として雇ってやるから」と言って若者を酷使するブラック企業も増えています。いったんはそこに正規で就職したけれど、ボロボロになってしまい、働けなくなった人も増えているのではないでしょうか。

そのうえに、住宅政策の問題で言えば、もともと公的な若者向けの住宅政策はほとんど存在してこなかったのです。かつては、企業が福祉を担い、社宅や企業による家賃補助・住宅手当のようなもので、企業がある程度、国の肩代わりをしてきたということが言えます。しかし、近年、この部分がどんどん減らされています。いまではコストカットで、社宅を持っているところも減っていますし、手当的なものも少なくなっています。そのなかで、若者の自力での住まいの維持が難しくなっている。家族福祉、家族に依存することでホームレスにならないようにしている人が増えている状況だと思います。

そうしたもとで、多くの当事者の若者は、おそらく自分の生活が精一杯で、自分の身に起きていることが社会的にどういうところから起こっているのかまで考える余裕もあまりないのだと思います。この間、この「報告書」を発表して以後、マスメディアから、「実際に親元から出られない若い人を取材させてほしい」という依頼も結構あり、何人かあたってみたのですが、やはりそうした状態にあること自体を自分でも恥ずかしいと思っている人も多く、なかなか取材までいきませんでした。当事者自身が、この問題を社会にアピールするというところまではなかなかいけていないと思います。

しかし、一方で、漠然とした不安を持っている若い人は多いと思います。いま親元にいる人は、現状ではなんとか生活を維持できているかもしれませんが、これが一〇年、二〇年たっていくと、親も高齢化し、年齢的にも年金生活に入っていく……。もうすでに入っている人もいるでしょう。収入が減り、あるいは介護が必要になって、子どもが介護しなければいけなくなります。あるいは親が亡くなったあと、老朽化した家のメンテナンスをどうするかなどたくさんの問題があります。持続性という意味では脆弱《ぜいじゃく》で、本人たちは、ずっとこれでいいと思ってはいないのです。ただそれ以外に選択肢がないからそうしている状況にあるのだと思います。

■安倍政権の「絆原理主義」

私は、安倍政権になってからの政策の動きを、「絆原理主義」という言葉で批判しています。生活保護「改革」のなかで、扶養義務を強調していることに代表されますが、公的な責任をどんどん後退させて、「家族で支え合いなさい」「地域で支え合いなさい」という動きが強まっています。社会が、家族福祉に依存し、そこに寄りかかってしまっていて、公的な仕組みとして若者をどう支えるかということをつくれていないのです。その歪みがいろいろなところに現れていて、若者の住まいの問題も、そのひとつだと感じています。それが文字どおり「絆原理主義」と言えます。

私が理事を務めるNPO法人もやいに、生活に困窮した若者たちが頻繁に相談にくるようになったのは、二〇〇三年以降で、近年は、相談者全体の約三割を三〇代以下が占めています。そうした若者たちの多くは、ネットカフェ、ファストフード店、脱法ハウス、友人宅など不安定な居場所に寝泊まりをしていて、路上生活にまではいたっていないものの、広い意味でのホームレス状態に置かれています。こうしたなかで、私は、現代の大都市における貧困の特徴を捉える概念として、「ハウジングプア」（住まいの貧困）という切り口が有効と考えて、このキーワードを軸にした社会運動を展開してきました。

実は、私たちのような民間の相談機関に助けを求めにくる若者に、もう一つ共通している特徴として、彼ら彼女らが親や兄弟姉妹の支援を受けられない状態にあるということがあります。とくに一〇代、二〇代前半でホームレス状態になり、私たちのようなNPOに支援を求めてくる若者は、ほとんどと言っていいほど、家族との関係が断絶しています。まさにアンケート調査で紹介した、四分の三（親と同居）と四分の一（親と別居）の話ですが、私たちが相談現場で会うのはその四分の一の方の人たち、親に頼れない若者です。

そして、その多く、もっとも苦労しているのが、児童養護施設出身者など、子ども時代に社会的養護の仕組みのなかで育った若者たちです。日本の社会的養護の仕組みのなかでは、一八歳までは施設にいられて、ある程度は保護されます。しかし、そこから先は、基本的には「自立したのだから自分でなんとかやって下さい」となります。実際は就職した企業がつぶれてしまったり、仕事がうまくいかなくなってしまい、一八、一九、二〇歳くらいで、仕事と住むところがなくなり、もといた施設にも年齢制限で戻れずにホームレス化してしまうという状況があります。私たちのところに相談にくる若者は、かなりの割合で養護施設の出身者だったりします。社会全体のあり方が、「困ったら家族に頼って下さい」となっていて、家族にしか頼れる場所がない社会だから、頼れる家族を持たない若者たちにいちばんしわ寄せがいっている、きわめて公正さを欠いている社会だと思います。

しかし同時に、考えなければいけないのは、こうした、私たちのようなNPOに支援を求めていた若者たちは、同世代の中でもマイノリティだということです。相対的貧困率が一六・一%（二〇一二年）にも及ぶほど、貧困が拡大している社会状況のなか、生活に困窮したマジョリティの若者はどのように暮らしているのか。その、これまで相談の現場では見えてこなかった姿が、今回の調査をとおして、四分の三の側の実態として明らかになったのだと思います。

親に頼れない若者からみると、いま親に頼れているのはある意味で、恵まれているとも言えます。しかし、彼ら彼女らにとってもその状況がいつまでも続くわけではありません。親との関係をずっと保っていられるのかは誰にもわからないし、援助をしている親の寿命がいつ尽きるのかも誰にもわからない。

こうして双方の状況を考えると、親に余裕がある、ない、持ち家がある、ないというところで、若者の人生が左右されてしまう社会というのは基本的におかしい。「家族による支えあい」に依存しすぎた日本社会のゆがみを正し、社会全体で若者を支えるという仕組みをつくっていくべきだと思います。

■求められる公的な住宅政策

　では住宅政策をどうするべきか。住宅政策について言えば、もともと脆弱で、若者向けの住宅政策はほとんどないに等しいわけです。公的な住宅政策としては、公営住宅がありますが、公営住宅は、東京の場合でも若者の単身者は入れないのです。ある程度、経済がまわっていて、企業にゆとりがあった時代であれば、企業が代わりに住居を供給したり、家賃補助をしたりしていた部分がありました。しかし、現在では、もはや家族しか頼れるところがないという状況です。やはりまず、公的な住宅政策が必要とされていると思います。

　具体的には家賃補助がまず大事になってくると思います。先進国・欧米ではだいたい、低所得者に対して、民間の賃貸住宅の家賃を補助する制度というものがあります。そうしたものを導入していく必要性があると思います。二〇一五年五月一九日に、「大震災と住宅政策の改革を考える」国会の議員会館での院内集会がおこなわれ、私も、「若者と住宅問題」というテーマで講演をし、そこでも訴えさせてもらいました。少しずつ反響が広がってきていると思います。さらに、大きな世論にしていければと思っています。

　そのほかに、民間でできることとして、空き家活用ということを考えています。昨年（二〇一四年）、

「つくろい東京ファンド」という団体を立ち上げて、「住まいのない人に安心して暮らせるシェルターを！」という事業を始めています。『生活保護から考える』（岩波新書、二〇一三年）の印税を原資として、クラウド・ファンディング（インターネット等を通じた募金）などで幅広く市民から寄付金を集めて基金を設立し、「市民の力でセーフティネットの穴を修繕する」を合言葉に、生活困窮者をサポートする様々なプロジェクトを次々と立ち上げていこうというものです。まず、その第一弾として、東京・中野区内にあるビルを改装し、住まいのない生活困窮者のための個室シェルターを開設しました。

東京都内には生活困窮者を対象とした施設が、「貧困ビジネス」として批判を浴びているものも含め百数十軒存在しますが、個室の施設は数えるほどしかありません。また、行政による支援策を利用するためには、平日に役所の窓口で手続きをしないといけないため、仕事を休むと収入が減ってしまうビッグイシュー販売者や非正規労働者はなかなか利用できない実態があります。そのため、施設はたくさんあるものの、「当事者のニーズに応じた住まいがない」という問題が生じているのです。例えば、「知的障がいや精神疾患などにより集団生活になじめない人が安心して暮らせる個室の部屋がない」、「ビッグイシュー販売者や非正規労働者がすぐに入れる部屋がない」、「土日や年末年始など閉庁期間中に緊急で入れる場所がない」、という状況が起こっているのです。そうした「東京のセーフティネットの穴」を埋めていく取り組みです。そうした動きを今後広げていきたいと思っています。

ただ民間でやれるのは小さい範囲でしかありません。根本的には国の住宅政策自体を転換させていく必要があります。国土交通省と厚生労働省の縦割りの問題もずっとあり、正直いってここの分野は動きが弱いと感じています。「国民に安全かつ安心な住宅を十分に供給するため」に設けられている最低居住面積水準は、基本的には国土交通省がつくった基準で、厚生労働省系の住宅政策ではあまり重視されていない。最低居住面積水準を保障することを重視するべきである点などは、今回の生活保護の住宅扶助基準の見直しに向けての生活保護の基準部会のなかでもかなり議論にはなっていました。しかし、そこで議論されたことと、結果的に、厚生労働省が決めた基準を引き下げるという決定とは、つながっていないのです。研究者の方はきちんとその問題を部会のなかでも提起されていたのですが、それが生かされていないのです。厚生労働省は、出された数字をつまみ食いして、逆に住宅扶助を下げる根拠にしてしまったのです。

また二〇一五年四月から、生活困窮者自立支援法が施行されて、そのなかでも住居確保給付というものが恒久化されています。この制度は非常に使い勝手が悪いということを私たちは指摘してきたのですが、そこの部分は改善されていません。制度はできても、実質的には多くの人に使えないものになっていると思っています。厚生労働省がおこなっている政策ですから、住宅支援というよりも再就職支援で、離職者、仕事がなくなった人がハローワークに通うことを条件に三カ月間だけ家賃を補助するというものです。まじめにハローワークに通って、仕事を探しているようなら延長するという制度で、以前は六カ月が基準だったのですが、それが三カ月に短縮されています。しかも離職者だけが対象です。私たちがよく相談にのっている、ネットカフェに暮らす人、脱法ハウスに暮らしている人は、そもそも働いている人が多く、働いているけれども給料が低いというワーキングプアの人が多いのです。するとそういう人たちは住居確保給付の対象にはならないのです。

脱法ハウスについては、二〇一三年九月から国土交通省が、「違法貸しルーム」対策を始め、実態調査をおこなって、建築基準法にもとづく是正指導をするとしていました。全国でおこなった調査の数字だけは国土交通省のホームページに出ていて、千数百件は調査をしたようです。その結果、一部の違法な施設は閉鎖になったと書いています。ただ基本的には指導をするだけなので、窓がそこになく防火上危ないから閉鎖しますと言っても、そこに居る人たちは、別の場所の似たようなところに移るしかありません。あるいはネットカフェに行ったりということになります。結局、根本的な対策にはなっていないのです。あくまで箱物に対する規制であって、人への支援がない。そこもまさに縦割りの問題なのです。

ここでは、あまりふれませんでしたが、地方自治体にも「貧困の防波堤」「生活再建の拠点」としての住宅政策の展開をのぞみたいと思います。

■見えない貧困をどう支援につなげるか

支援の現場からみて正直に感じることは、なかなか支援につながらない人が多いということです。この間、路上生活の人たちは減っています。屋外で生活している人自体は、生活保護の適用が進んできて減少傾向にあります。しかし、その一歩手前の人たち、ネットカフェ、脱法ハウスや友人宅にいる人たちは増えているのではないかと感じています。それは、現場の人たちに共通する実感だと思います。その人たちのほとんどは働いている方で、働いてなんとか劣悪な環境でも屋根のある場所を維持している。そういう人たちは、普段は日々の生活の維持に手一杯なので、なかなか相談にくる余裕がないのです。

そういう人たちと私たちが出会うのは年末年始の時期です。年末年始に都内の支援団体が集まって「ふとんで年越しプロジェクト」というプロジェクトにとりくんでいます。これも、クラウド・ファンディングでお金を集めて、年末年始だけビジネス・ホテルなどを借り切ってシェルターをつくるという取り組みです。毎年、二〇～三〇人が利用しています。お話を聞いてみると、派遣と言っても、事実上日雇いに近い形で、働いた日数分しか給料が出ないような仕事をしている人が多く、年末年始の長期の休みに入ると収入が途絶えてしまい、ネットカフェに泊まるお金もなくなると言うのです。普段はなんとかなっているのだけれども、長期の休みの時期だけは路上生活になってしまう。それでようやく私たちの相談につながって、シェルターに入ってもらうようなことになっています。普段はなかなか相談にくる余裕すらないような方が多いのではないかなと思います。

こうしたなかなか見えない貧困は、問題化した時点で何か対策を打とうとしても遅いのです。今回のテーマである若者の住まいの問題でも、親元にいる人たちは、親元にいる間は問題自体は可視化されません。当事者も、とりあえずいま生活ができていればいいという意識になりがちで、将来的には不安は持っていても、とりあえずいまのところにいるしかない。ただそれが一〇年、二〇年たつとどうなるかわからないわけで、いまのうちからきちんと議論をして若い人たちが安定した住まいを確保できるための政策が必要だと思います。

欧米ではよく「離家支援」という言い方をするそうです。若者が実家を出ることを社会として支援する必要があるという視点は、世代をきちんと再生産していくという意味でも重要で、そのための住宅政策が必要だと思っています。そこをきちんと議論してもらいたいと思っています。

このビッグイシュー基金の委員会自体は、調査をまとめて問題を提起するのが仕事だったので、今後、運動としては「住まいの貧困に取り組むネットワーク」や「住まい連」などが中心に展開していくということになりますが、今回の調査結果は、さまざまなマス・メディアで取り上げていただき、社会的な問題提起にはなったと思います。シンポジウムを二〇一五年二月に東京でやりましたし、五月の終わりに大阪でもおこないました。社会的な関心も高まっていると感じています。粘り強く議論を広げていきたいと思っています。

2　若者と貧困
――格差社会の中で絶望的な孤立の中で生きる若者たち――

青砥　恭

「この社会は平等じゃあない。自分のうちには金がないのでこの学校で取れるはずの資格も取れない。だからやりたい職には就けない。自分たちの家族には助けてくれる親戚もない。裕福な人とは生きている世界が違う」

生活保護を受給する母子世帯の埼玉県の工業高校生A君である。

「この社会は自分たちのことなんて興味がないんですよ。この社会からぼくらは捨てられている」

こう語るのは、中学を出てから、きょうだいや母親を支えながら働くB君だ。彼は幼い日に父を亡くし、中学から不登校で貧しさがもたらした差別や偏見の中で生きてきた。貧困は絶望的な孤立の中に若者たちを追い込んでいる。

■若者たちの貧困と孤立

二〇一五年二月、川崎市で発生した中学一年生の殺害事件は、その行為の残酷性や若者社会の変貌で日本社会は大きなショックを与えた。若者たちの行動の残酷さだけではなく、殺害されるまで、どうして仲間を抜けられなかったのか。逆に、なぜ、仲間になった小さな少年を殺すまでに関係性が歪んだのか。彼らの小さなコミュニティの中で何が起きたのか。

親や地域社会はどうしてこの犯罪を防げなかったのか。学校は不登校や中退した子どもや生徒は守れないのか。日本社会につきつけられた問いの持つ意味は大きい。

埼玉県の高校生、A君のように、強い「被差別感」とともに生きる若者は少なくない。貧困層の子どもや若者たちがどんな気持ちを抱きながら生きているのか、そしてこの社会をどのような目で見ているのか、社会が持つ想像力はあまりに乏しい。

A君には日常、自分を支えてもらえる血縁や地縁はない。だから学校や家族が居場所にならなければ社会との関係性が断絶し、孤立した若者となる。帰属できるコミュニティを持たない、日々の行き場がない、安心して相談できる大人を持たない子どもや若者たちが増えている。つまり貧困は孤立なのである。支える力を持つ家族や縁戚がいないだけではない。生活を支える社会資源が身近にないこと、さらに制度的な資源を持たない人たちなのである。そんな資源があればここまでの貧困状態にはならない。

貧困のつらさは、このような状況から脱するための社会資源もないことである。そうであるからこそ、貧困は連鎖するのである。抜け出ることができる制度的な資源、地域のサポーターや縁戚など社会資源があれば、貧困の連鎖は起きない。そんな若者たちのために、二〇一一年、さいたま市に「たまり場」をつくった。

■地域の若者たちの「たまり場」

「たまり場」は年々利用者も増え、学生や市民のボランティアを含み、毎週土曜日の午後、最近は毎回、五〇人を超える若者がさいたま市与野駅近くの施設に集まって来る。一年でのべ二〇〇〇人をはるかに超える。

「たまり場」は「交流」と「学び直し」の二つのスペースからなっている。利用しているのは不登校の中高生、高校中退者、養護施設で暮らしていた若者、ひきこもり、障がい（発達・知的）を抱えた若者、中卒後未進学者、生活保護や外国にルーツをもつ生活困窮層の若者、最近までホームレスだった若者もいる。「自分の学力は小学校の低学年しかない」と言う若者もいた。当然「学び直し」が必要だが、日本社会には彼らの願いを満たす制度はない。

二〇一一年春。さいたま市内の京浜東北線与野駅近くに六畳一間のアパートを借りた。高校教師時代の教え子や大学で教えた学生たち、地域で長年、市民や若者と協同で、教育や地域の課題をテーマに学習活動をやってきた友人らと居場所事業を始めるためだ。まず、寄付してもらった机の上に、購入した電話、パソコンだけで事務所をつくり、それから、利用する若者たちへの広報活動を始めた。

利用者がいるだろうと思われた県立の通信制高校や高校を中退した若者たちがよくたむろしている公園などで、「無料で勉強を教えます」というチラシを配った。さいたま市の随一の繁華街でもある大宮の南銀座通りのキャバクラ店でお母さんキャバ嬢にチラシを配ったりもした。

最初にやってきたのは公立の通信制高校生だった。彼は、「本当にただですか?」と聞いてきた。この若者が、ぼくたちの学習支援「第一号」になった。

建設現場で働いていたが、ひどい暴力を受けて辞め、いくつかの職を経て、工事現場の交通整理の警備職に就いて、自活していた。この若者から、「三六時間連続勤務を言われたが、どうすればいいのか」と相談を受けたこともある。「断ればどうなるの?」「クビになります」。ぼくはその時、悩みながら、「体に気を付けて。勤務が終わったら一緒に飯食いに行こうよ」としか言えなかったことを思い出す。

父親はすでに死んでいて、母親も違う男性と暮らしていた。小学生のころから荒れていて、高学年になるとあまり学校には行かなかったようだ。教師もたぶん面倒だったのだろう、放置されていて、中学もほとんど「不登校」だった。彼から教師の話はほとんど出てこない。だから学力は「ない」と言っていいほど低かった。中学を「卒業」して間もなく、自宅にもいられなくなり、彼は少年ホームレスになった。私と出会ったころの彼の目標は、高校を卒業することだった。それから、一年経ち、学生たちやシニアのボランティアに出会って、新しい目標もでき、そのうちに公務員になりたいと言い始めた。たまり場に来ても、必ず、学習スペースに来て、レポートの課題をシニアボランティアに教わって張り切っていた。

ただ、小学校から放置されてきたつけは彼の目標と比べあまりに重かった。ある年上の女性と親しくなったこともあって、もっと働かざるを得なくなり、卒業も断念し、たまり場に来る回数も減っていった。地方へ行って、その女性と暮らして、子どももできたが今は別れたらしい。時々ある電話の声には、元気がない。

もう一人忘れられない若者がいる。同じ通信制高校の生徒で、学校に置かれた「たまり場の学習支援のビラ」から、「私も教えてもらえるんですか」と言って、六畳の事務所に電話をかけてきた女性だ。やはり、中学も不登校で、何とか、高校だけは出たいと言う。父親が死んだ後、母親の虐待で施設で暮らした経験のある女性だった。自殺願望も強かった。よく夜中に電話がかかってきて、「しんどい、しんどい」と言っていた。私は、人間が生きることは楽しいんだという話をしながら、時間を過ごしたことを思いだす。

■貧困と孤立の中で生きる若者たちを支えきれない学校の現実

貧困層の生徒たちが集中する「底辺校」と言われる高校に、不登校や高校中退が多く発生することは様々な研究で報告されている。生活保護世帯の中学生を対象にした、さいたま市の学習支援事業の経験では、登録した生徒の一三％～二〇％の生徒に不登校経験があった（表4）。「進学校」と言われる高校では不登校や中退する生徒はほとんどいない。理由の一つは「進学校」の生徒・家族の中心を占める中流階層の文化資本と学校文化の間に親和性が強いこと、もう一つは、競争の真っただ中にいる生徒の多くにはそのトラックから降りることは許されないという強迫的な観念も存在すること、である。

さいたま市の大宮駅西口から五分のところに「若者自立支援ルーム」という不登校や無業の若者たちが通う施設がある。毎日、二〇人を超える若者たちがやってくる。労働市場への参入に困難を抱える若者たちでもある。そんな若者たちの一人からこんな学校観を聞いた。十数年の不登校・ひきこもりを経験した三〇代の若者だ。

「学校というところは勉強や部活動、人との交際が得意な人のためにあるところだった。……自分は全部だめだった」

学校は本来、地域の学校で、子どもや生徒たちの社会的な関係性を紡ぎだす場所として機能する場だったのではないか。ところが、最近、競争性と格差性を強め、取り残された貧困層の子どもや若者たちを学校や地域の小さなコミュニティからも追い出し、絶望的な孤立の中に追い込んでいる。とくに高校は若者たちにとって、職業社会に直結した教育機関であるにもかかわらず、実際にはアカデミックな高等教育を前提とした教育に偏っている。そういう高校教育の現実が年間一〇万人近い中退者を出す原因にもなっている。しかも、学校からいったん離れた若者たちを支援するどころか、つながる手段すら現在の高校は持っていない。

表4 さいたま市生活保護世帯学習支援教室の不登校発生率

2012年度	20%	(160人登録)
2013年度	15%	(215人登録)
2014年度	13%	(210人登録)

注）さいたまユースによる調査。

■若者たちにとって必要な居場所とは

二〇一五年二月に起きた川崎市の少年殺害事件で加害者も被害者もまた、そうした安全で安心できる人間関係がもてる場、成長を実感できる場をもたなかった少年たちである。なぜ、この少年たちにとって学校や地域でそうした場ができなかったのか。

さいたま市が設立した「さいたま市若者自立支援ルーム」を利用する若者たちと毎週、「ゼミナール」を開いている。そこで、「ルームはなぜ居場所なのか」について話し合ったことがある。

若者たちからこんな意見が次々に出た。「ルーム」は、①同じ体験ができる場で生きる場を共有できる場、②生活リズムをつくることができる場、したがって毎日通って生活を立て直せる場、③他者との関係性を育てる場。したがって、喧嘩や衝突もある場で、慣れる、耐える、客観的にみる力が育つ場、④多様な年代の人と話せる場、コミュニケーションが面白い場、⑤悩み事を相談できる場、孤立から解放（第三者に話して整理できる）される場、⑥人は多様な存在であることを見つける面白さ（人間観察を通して社会認識を育てる）が感じられる場、⑦働いている人、働いていない人の存在することを認識できる場。人は多様だと思うと孤立感がない、⑧自分ってどんな人間なのか、再認識できる場、自分のアイデンティティを確認できる場、⑨自分の居場所、安全で安心感が満ちた場。だからふらっと立ち寄れる。生きる場を共にし、同じ体験ができる場という。

キーワードを並べると、「体験の共有」「生活リズム」「社会的関係資源の獲得」「孤立からの解放」「アイデンティティの確立」「人間認識」「働くことの準備」「自分の居場所」となろう。他者から存在を承認され、コミュニケーションの中で他者との関係性、信頼感を育て、社会に参加していく……。

二月（二〇一五年）に起きた川崎の事件も四月の千葉の成田空港近くで起きた事件（一八歳の少女が生き埋めにされた殺人事件）も、不登校や高校を中退し、自分たちの心を受け止めてくれるような社会や学校をもつことができなかった若者たちのコミュニティの中で起きた。

貧困層で、学校や家庭が、そうした安心と成長の場とならない同じような境遇の若者たちの中で、強者と弱者という上下関係にならされ、暴力的な行動でしか自分のアイデンティティを示せなかった若者たちの事件だった。

子どもや若者たちにとって、一部の勝者と多くの敗者をつくるという格差を生み続ける競争の教育が続く限り、これからも同じような事件は起きる。今、求められているのは、異質な他者との出会いや自由な交流が行われる多様性・複数性が保障される居場所なのである。そこから若者たちによる新たな地域づくりが始まるのである。

■格差の拡大と貧困を知らない若者たち

都内の大学で教員養成科目の授業を担当している。二〇一五年春学期は、私たちの団体（さいたまユースサポートネット）が毎週土曜日の午後、開いている「たまり場」が二〇一四年、NHKで特集された（ETV特集『本当は学びたい』）こともあって、まず、その録画を見せることにした。その後に寄せられた希望では圧倒的に貧困と格差の問題を議論したいという意見が多く、今年（二〇一五年）の前期の授業ではこの問題を取り上げることにした。

下記の文は、『本当は学びたい』を見た後の学生たちの感想である。

「これほど多くの子どもが貧困の中で暮らしているという事実は全く知らなかった。中高一貫校のころは非行などの生徒はいなかったが、小学校は母子家庭や情緒不安定の子どもがいた」

「自分は、日本の子どもの貧困など現実をほとんど知らない。他人事のようだった。同世代の人たちの中に格差で悩んでいる人がいることを知った」

ほとんどが貧困とは縁のない生活をおくってきた学生たちで、貧困生活をおくっている同世代の若者たちのことを知らないと語る。

「社会はがんばれば報われるようにできていると今まで思って受験勉強や部活を乗り越えてきた。自分の努力が報われてきたのは、そのための条件が整っていたからなのだと映像を見て感じた」

私立の中高一貫校出身者も少なくない。大学に入るまで、周囲には貧困層出身の同世代の友人はほとんどいなかったと言う。

文科省の調査（二〇一三年）でも、子どもを私立中学に通わせていた親が一年間に支払った学習費（授業料、給食費、学習塾費など）の総額は一二九万五〇〇〇円で、調査開始（一九九四年）以来最高となり、公立中学のほぼ三倍になった。子ども世界は二極化し、首都圏では公立中学が経済的には下位層の子どもたちが通う学校に変容しつつあるのである。学校が階層格差の再生産機能をもち、他の階層の同世代の若者たちと地域社会で場や時間を共有することがほとんどない。地域の学校がどんどんなくなっている。

私たちの団体は、父親の失業や親の死、両親の離婚、そして家族の障害、疾患などを原因とした家庭崩壊、精神疾患や障害などで不登校、高校中退を経験して、家族から十分な援助を受けられないだけではなく、学校や社会からもほとんど見放され、公的な支援からは無縁で、孤立の中で生きている若者たちを支援している。地域の学校機能を取り戻す取り組みである。

たまり場に通うある若者がこんな話をしていた。

「中学しか行ってないから行き場がないです。ちゃんとした会社に入りたいのに」「貧しい人は結果だけ求められるんです。お前たち家族はがんばってないと言われます。なにをがんばればいいのか、なにも浮かんでこないです」

これは二〇代の青年だ。やはり母子家庭で、通信制高校に通って何とか高校卒業資格を得ようとがんばっている。しかし、なかなか順調には進まない。仕事も低賃金で暴力もあったり、労働環境は劣悪な状況が続く。「社会はがんばればば報われるようにできていると今まで思って受験勉強や部活を乗り越えてきた」と。

「がんばればなんとかなる」社会であることを、今まで疑うこともなく、「成功体験」を語る学生もいれば、逆に、「何をがんばればいいのか」、みんなと同じ普通の暮らしをどうすればできるのか、どうすれば他者から認められるのか、自分にはわからないと嘆く若者もいる。「お前たち家族はがんばってないと言われる」と話した青年は、中学では不登校だった。差別の多い学校生活に絶望し、暴力的な行動に走った時期もある。

これらの若者たちを見ていると家族で支えるのは母一人だったり、祖母だけだったり、孤立感いっぱいで生きてきたことがわかる。貧困とは経済的な面に注目が集まるが孤立も伴うのである。関係資源を持たないことが孤立、貧困から抜け出ることを困難にしている。若者を見ていると、日々の将来への不安からひき起こされる他者への攻撃性と他者に優しさと寛容性を求めたいという思いとのあいだで揺れ動く心理が見える。彼もまた、格差と貧困、苦しみと迷いのなかで生きている。

一方、「社会はがんばれば報われるようにできていると今まで思って、受験勉強や部活を乗り越えてきた」という学生もいる。「がんばれば報いられる」という若者は、いわゆる偏差値が高い有名大学には少なくない。彼らは受験だけの世界では成功体験を積んでいる。しかし、それからのち、大学生活や卒業して社会に出れば、さらに熾烈《しれつ》な競争や企業主義秩序のもつ支配が待っている。受験競争に勝って終わりではないのである。

「がんばれば報われる」と書いた学生も、その後に「自分の努力が報われてきたのは、そのための条件が整っていたからなのだと映像を見て感じた」とし、「日本は一億総中流時代ではなくなった。競争社会に身を置いて、勝ち負けは仕方のないことだ。しかし、勝ち負けが格差となり、その後、競争のハンディとなるのはおかしい」ともいう。受験競争に勝ったはずの若者も安心して職業社会に身を置くにはまだまだ試練が続くのである。

子どもの貧困率が一六・三％となった。貧困といわれる状況の中で生きる子どもたちは三二〇万人である。二〇〇万世帯ともいわれる。その若者たちと学生たちとの溝は想像力が働かないほど大きい。しかし、貧困のことを知らないという若者たちもまた、安心して生きることを許さない社会が待っているのである。

■貧困率の増加と雇用の非正規化

青年期から成人期への移行の問題は、職業訓練など労働政策、若者の社会的自立、リスクを抱える若者の社会的包摂に関する政策、少子化に関する政策（宮本みち子「成人期への移行モデルの転換と若者政策」『人口問題研究』六八巻第一号、二〇一二年三月）と整理されている。

若者たちの現実は一層厳しくなった。いくつもの指標がそれを示している。私が『ドキュメント高校中退』（ちくま新書、二〇〇九年）を書くために取材をしていた当時、リーマンショックの影響を受けて学校も社会も大変な状況にあった。東京では、「年越し派遣村」が行われ、日比谷公園に出かけた私も、背広を着たホームレスの男性と一緒に政府に抗議のデモを歩いた。

当時取材をした高校生のほとんどは、親の代から貧困層だと思われる若者たちだ。とりわけ印象的だったのは大阪の西成区で取材をした時、子どもを連れた一八歳の女性と居酒屋で出会ったが、その女性の母親は三〇代の後半だったけれども「祖母」だった。つまり三〇代の祖母もまた、一〇代の後半で子どもを生み、間もなく男性と別れて、生活保護を受けながらその「女性」たちを育てていた。三代続けて生活保護世帯だった。まさしく厳しい貧困の連鎖である。

次ページの図2と図3は、一九九〇年ごろからの非正規雇用者が日本社会で激増した様子を示して

図２　非正規雇用者比率の推移（男女年齢別）単位：%（男性）

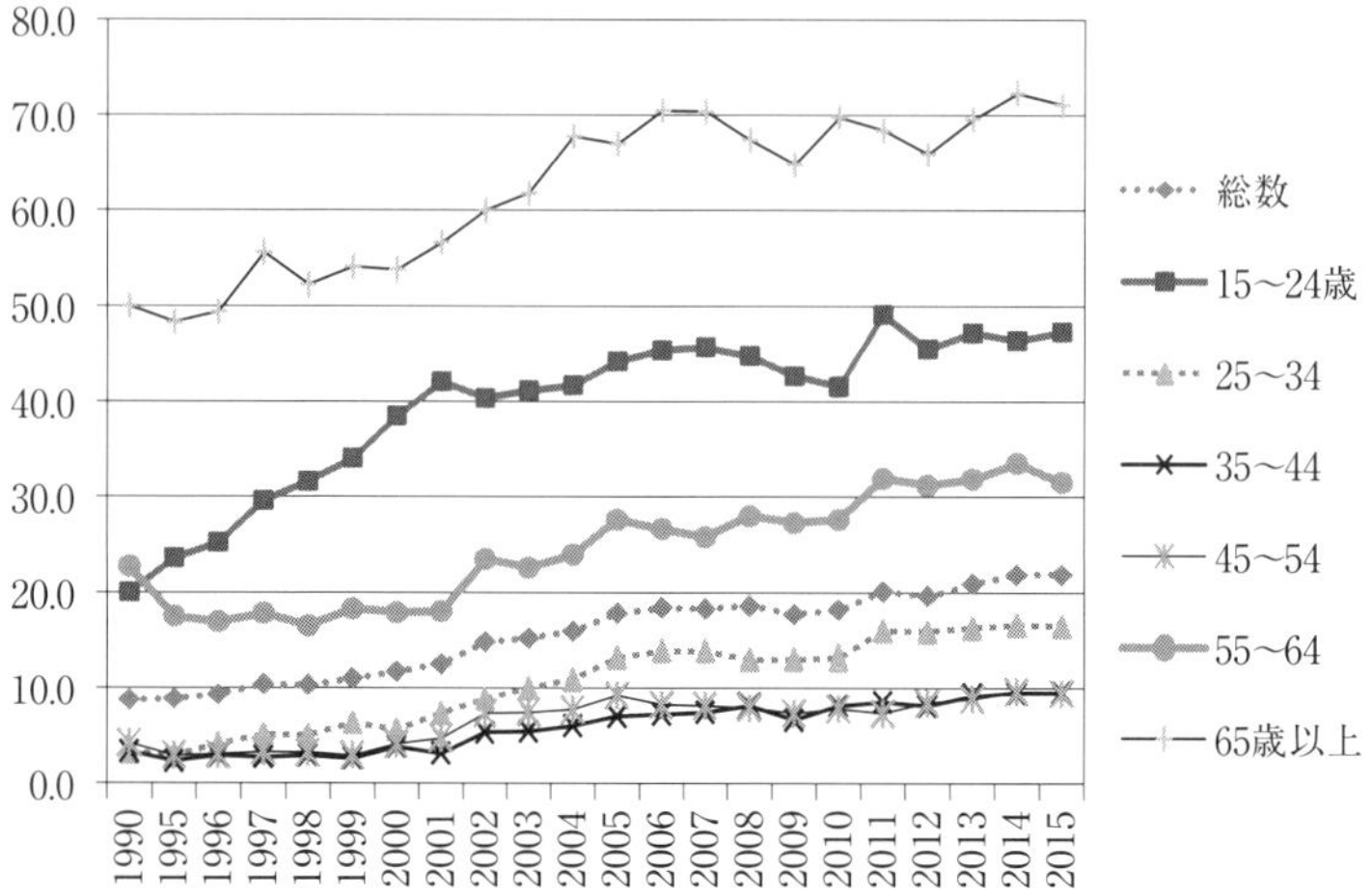

図３　非正規雇用者比率の推移（男女年齢別）単位：%（女性）

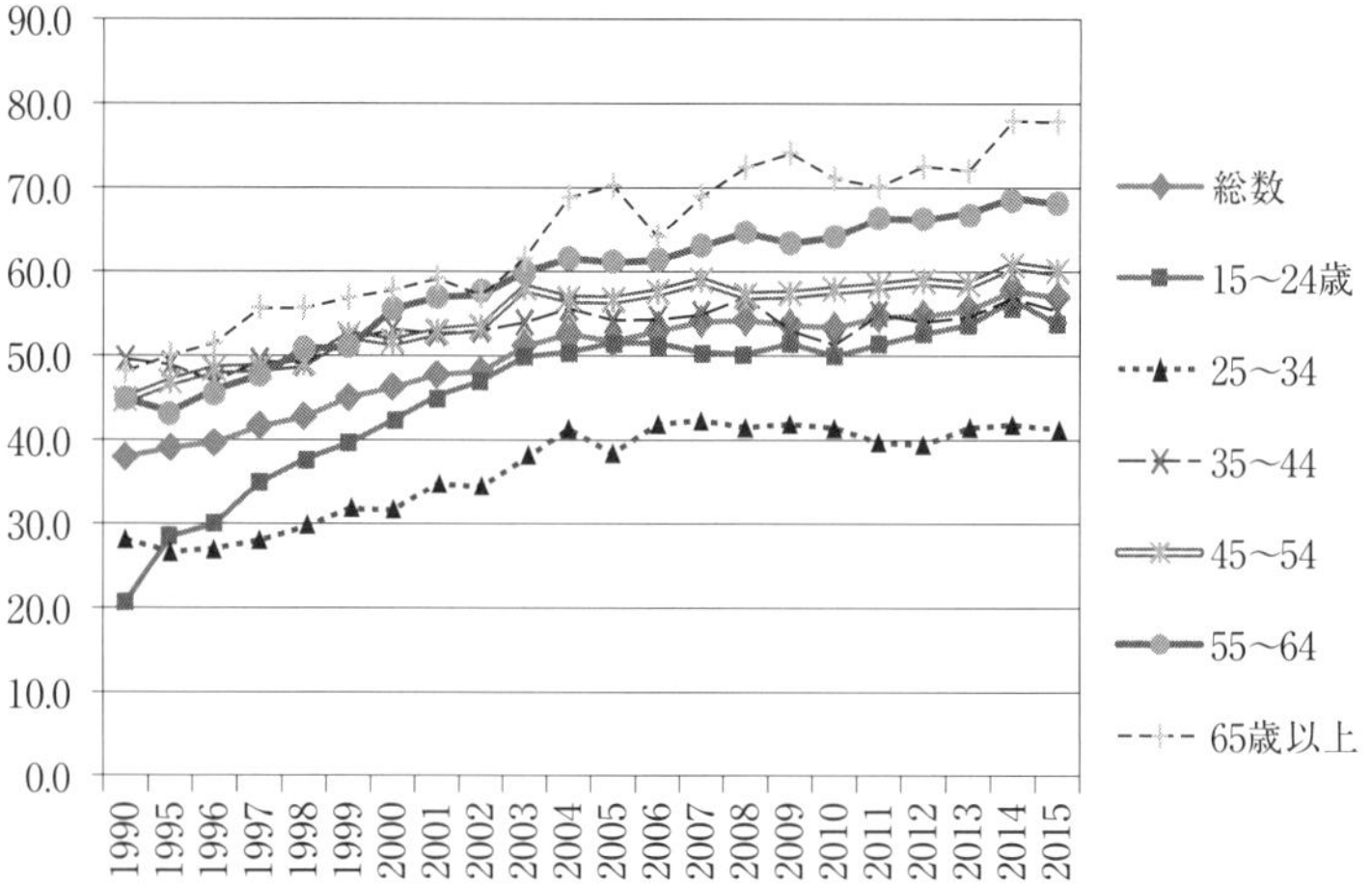

出所）図２、３とも厚労省「労働力調査」による。

いる。図で描かれた二五年の間に若年層（一五歳～二四歳）の増加率が最も高く、男性の非正規率は二・一倍に、女性は二・七倍になった。他の貧困化を示す指標も厳しいものが多い。生活保護世帯は人口比率で考えると約一・六％、日本の貧困率は一六％だから、単純計算で一〇倍の差がある。生活保護の受給者は思ったよりはるかに少ない。国家や社会から援助もなく、どのような暮らし方をしているのだろう。就学援助受給率も一六％で、この貧困率に近い。子どもの貧困率は二〇一二年の調査で一六・三％、一九八五年の調査の一〇・九％から一・五倍に増えた。

貧困は一人親世帯、とくに母子世帯の貧困と言われてきた。たしかに、一人親世帯の貧困率は五四・六％と大人が二人以上いる世帯（一二・四％）と比較すると、その差は歴然としている（二〇一二年）。しかし、こんな調査もある。厚労省の「生活意識別に見た世帯数の構成割合」では、母子世帯の八四・七％が「大変苦しい」「やや苦しい」としているが、子どものいる世帯全体でも六六％の世帯が苦しいとしている。

では、子育て世帯の七割近くが苦しいとする要因はどこにあるか。以前から女性の非正規率の高さは指摘されていたが、実は、男性の非正規率（二一・九％）もこの一〇年間で三〇％を超えて（一八六万人増加）いるのである（女性は五六・七％、二七〇万人の増加）。その数値は、二人親（大人）の世帯ですら生活の苦しさの証明ともなっている。日本の貧困は裾野がどんどん広がっているのである。

二〇一四年に国内で生まれた日本人の子どもは一〇〇万一〇〇〇人で一九四五年以降、戦後最低になった。八年続いて人口減になる。団塊の世代で出生数が最多の一九四七年生まれは二七〇万人。その子ども世代の第二次ベビーブームだった一九七三年には二〇九万二〇〇〇人だが、以来、毎年減り続けている。二〇一四年の婚姻数も六五万組で戦後最少となり、今後、さらに減少すると予測されている。出生数も婚姻数も減り続ける中で、これから生まれるであろう「将来世代」は日本社会ではずうっと少数派であり続ける。

労働人口の大幅な減少と現在よりさらに厳しい老人中心社会の到来によって、社会全体が活力を失っていくのではないか。そんな不安感が日本社会を覆っている。その中で非正規雇用者数が統計を取り始めた一九八四年(五〇〇万人)以来、初めて二〇一四年に二〇〇〇万人を超えた。社会に巣立つ若者たちの三分の一が、初めての就労体験が不安定で低賃金の非正規雇用である(総務省労働力調査)。二五歳以下の若者たちの失業率はそれ以外の層の二倍(厚労省)にもなる。

公的サービスの生涯受益額と負担額の差である受益高をみると、一九四三年以前に生まれた世代の生涯受ける受益高はプラス五〇〇〇万円だが、一九八三年以降生まれの「将来世代」は逆にマイナス五〇〇〇万円で二つの世代の間には一億円の差があるという(内閣府「平成一七年度版　年次経済財政報告」)。社会保障費給付では、六五歳以上の高齢者関係給付は一人あたり年間二三六万円だが、一五歳以下の世代への給付は保育所、児童手当、児童扶養手当などの児童家族関係で年間、一七万円にすぎない(厚労省二〇一〇年)。これらの数値は、日本社会に若者政策がないと言われても仕方ない現状を示すものだ。

■揺らぐ若者たちの学校から職業への移行――高校中退者一〇万人の実態

八〇年代と比較し、移行プロセスの揺らぎは、もちろん、労働市場の変容、産業構造の変化という政策・構造上の問題があるのはいうまでもない。

しかし、私は日本の貧困には高校中退が大きく影響していると考えている。小・中学校、高校の不登校の児童生徒が全国で一七万人（二〇一一年度）にものぼり、高校に入学した生徒も三年後の卒業時には、約一〇万人が卒業できていない。二〇〇〇年以降毎年その実態は変わらない（図4）。

高校を出て就職してもその半数は三年以内に離職している。大学に入った学生の一〇％が中退し、大学を卒業後、就職した三五％の若者も早期に離職している。要するに、全国で高校に入学した生徒約一二〇万人（二〇〇九年高校入学者の場合）の内、六〇％がどこかの段階で中退や早期離職、卒業をしても、無業のまま社会的な自立とは逆に社会の周縁で不安定な人生を送っていることになる（図5）。

学校教育が、子どもたちをサポートする余裕を失った家庭を支えるだけの力がないことも明らかになった。学校の力の喪失は不登校や引きこもり、中途退学という、「学校からの逸脱」に対する親たちの不安を増し、子どもたちをも追い込むことにもなっている。

貧困層の子どもたちが集中する「教育困難校」（「底辺校」ともいわれている。入学試験の平均点が低

図４　高校生の中途退学者数の変遷

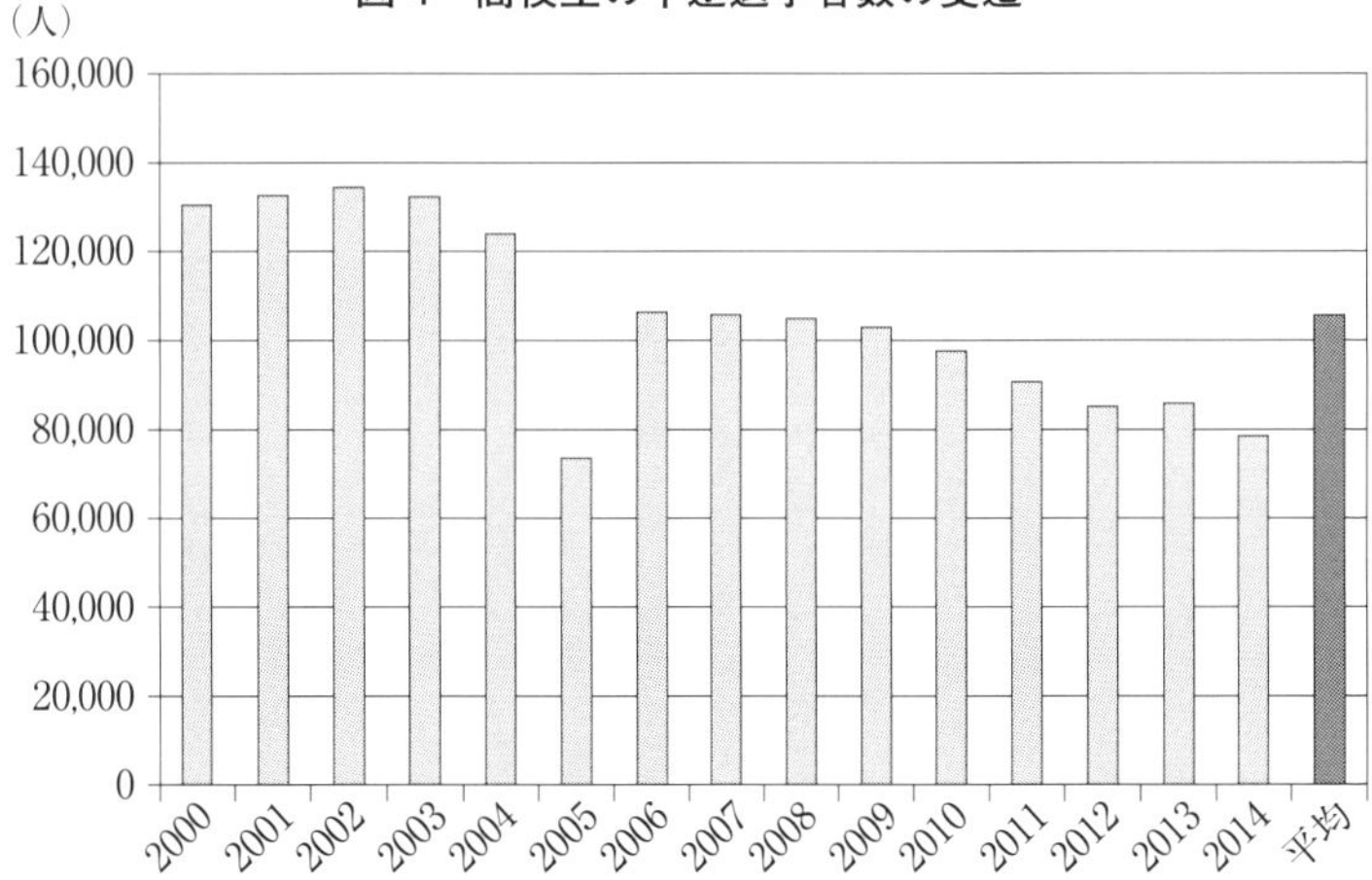

注）2000 年の全国高校在籍数（4 月の入学者数に近い）から 3 年後の卒業者数を減じた数。
出所）学校基本調査（文科省）から作成。

図５　学校から職業への移行期の不安定化図

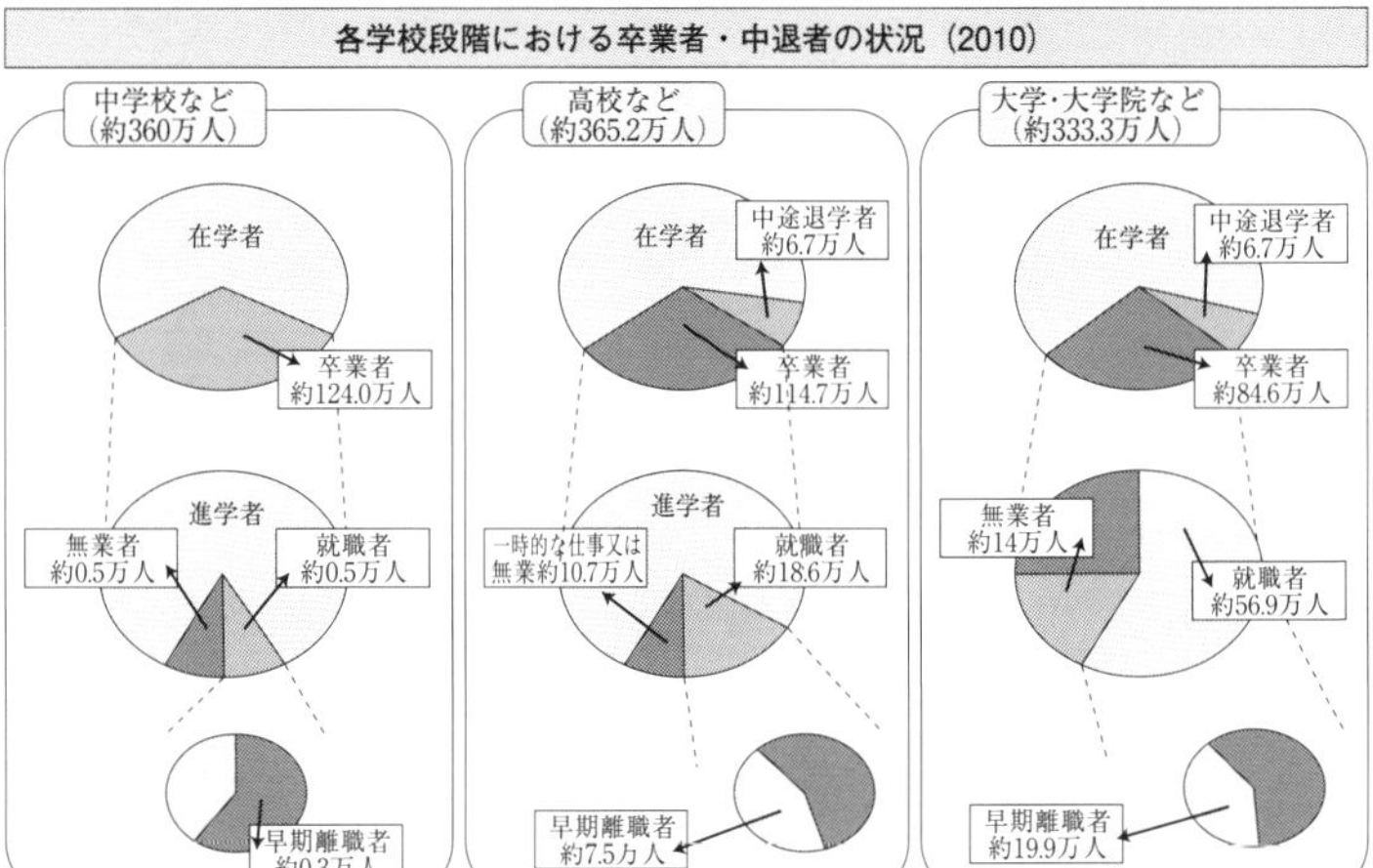

出所）宮本みち子『若者が無縁化する』ちくま新書、2012 年を参考にした。

く、中退者も多い高校）には不登校や高校中退が多く発生するが、逆に「進学校」と言われる高校の中退率は非常に低い。保坂亨（千葉大学）の研究（『〝学校を休む〟児童生徒の欠席と教員の休職』学事出版、二〇〇九年）などにもあるが、不登校は中学に入ると一気に増えるが、逆に皆勤も増える。理由の一つは「進学校」の生徒の価値観と学校文化、学校知が一致していること、その生徒たちの中心を占める中流階層の文化資本と学校文化の間に親和性が強いことがある。もう一つは、競争の真っただ中にいる生徒の多くにはそこから降りることは許されないという強迫的な観念も存在する。貧困層の子どもたちにはこの圧力が働かないこともある。中学で成績上位層は皆勤で、不登校生徒は成績の下位層から多く出るのはある意味不思議なことではない。全く理解できない授業を一日、五、六時間も聞き続けることのつらさは想像できよう。心を許せる友達ができない中で教室に居続けることもまたつらい。競争についていけない中で落ちていって、「高校に行かなくてはならない」と言われてもそもそもあきらめてしまう。ある意味「ウチは別だ」と諦念が働いてしまって勉強しなくなる。そんな子ども・若者はとても多い。

もちろん例外がないわけではない。しかし、私の調査でも不登校生徒は底辺校からの出現率が圧倒的に高い。そういう構造的な問題であるにもかかわらず、今まで、その対策が分析できていないのである。したがってごく一般的な不登校対策しかできていない。

生活保護世帯（首都圏の複数市　四〇五世帯、二〇一一年　筆者調査）の親（世帯主）の学校経験は中学卒と高校中退者を合わせ四五％だった。親の学校体験の少なさはそのまま、子どもの学習環境への理解や進路への準備の理解の乏しさにつながっている。高校は若者たちにとって、実社会に直結した

図６　通信制・定時制課程の生徒の不登校体験

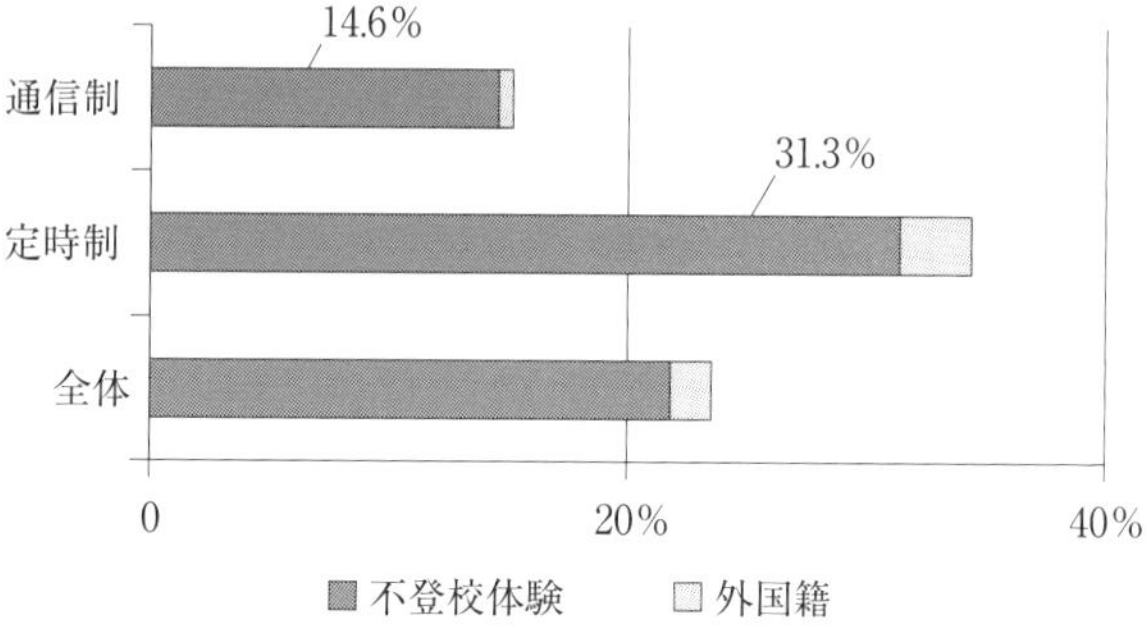

注）「全体」は通信制と定時制の合計。

教育機関であるにもかかわらず、実際にはアカデミックな高等教育を前提とした教育に偏っている。そういう高校教育の現実が年間一〇万人近い中退者を出す原因にもなっている。しかも、学校からいったん離れた若者たちを支援する手段を今の高校は持っていない。

また、定時制に学ぶ生徒の三人に一人は何らかの理由で小学校や中学校段階で不登校を経験していた。課程別では、定時制課程には三一・三％、通信制課程には一四・六％で、定時制課程には通信制課程の約二倍の不登校経験者が入学している。不登校経験者にとっては、定時制課程に籍を置いて毎日通学して直接教師に指導を受けることの方が容易であり、通信制課程において自力での単位修得が困難であることがわかる（図６）。

■高校教育の未来と子どもの貧困対策

一九九〇年代、学校の荒れや高校中退者の激増など深刻な機能不全に陥った高校教育の立て直しを目指して総合学科など「ゆとり教育」が登場した。近代教育で確立した一元的なメリトクラシー（能力主義）を多元的なメリトクラシーによって立て直そうという試みだった。しかし、結果として「ゆとり教育」は否定され、一元的な学力論に戻りつつある。

当時の論争を最近、小玉重夫が整理している（『学力幻想』筑摩書房、二〇一三年）。学力論争とは、①本来的には子どもに必要な学力とはどのようなものか、したがって、②学校でどのような教師の指導が必要か、ということになろう。問題は小玉も指摘するように、なぜ、そのような議論が出てきたのか、なぜ学力観の転換が必要になったのかという社会的な背景が語られないまま、そんな議論だけ進行したことにある。

私は、本論で、一九八〇年代から一九九〇年代、二〇一〇年には定時制や通信制高校が機能を変化させていった様子を示した。それは、非正規雇用の拡大など一九八〇年代からの若者たちの労働市場の変化や貧困の拡大が背景にある。東京以外の地方の衰退も大きな影響がある。

「学歴」や「将来の夢」への意欲を失った生徒や親たちも増加している。この傾向が学校に対する期待、学校で学ぶ価値、学校文化への評価や期待を下げる要因になっている。このまま「貧困層」と「その他」という二極化を放置すると、学校が子どもたちの中に絶望感をつくっているようにすら見える。この貧困と格差の拡大を防ぐための政策的な介入もなく、単なる「学力論争」は時間の無駄でしかない。今、必要なのは、貧困層とその他という二つの世界をつなぐ教育システムであり、もっとも高校中退の可能性を持ついわゆる「教育困難校」の生徒たちに対する生活面から学習、就労までの支援のスキームづくりである。学校の限界性も見えている。学校や家庭ができないことを自治体や企業、民間のＮＰＯなど外部資源との連携で支援するしかない時代になっている。学校、とりわけ高校教育が「学校から職業世界への移行」を保障できなくなっているのである（前掲五〇ページの図５）。

子どもの貧困対策として、「子どもの貧困対策法」、「生活困窮者自立支援法」など法律はつくられたが、まず、親に対する社会保障・労働政策の充実という基盤整備から行われる必要がある。

他にいくつかの検討課題をあげる。

①子ども・若者への対策は地域の居場所づくりから始める必要がある。子ども・若者支援は地域を基盤にし、学校を地域の子どもの居場所に再生する取り組みと同時に、「放課後格差の解消」をも重視する必要がある。中学・高校で貧困層の子どもたちが部活などに参加できないといった問題をどう解決するか。他にも、社会活動、文化活動、娯楽活動、スポーツ活動などへ貧困層の子どもの参加支援が必要である。

②不登校から長期のひきこもりの若者や高校中退から就労できない若者たちが社会の周縁で暮らしている。そんな若者たちの就労など多様な自立に向けて、学び直し事業を中心にして地域につくる必要

がある。とりわけ、生活困窮層の若者たちの学び直し、生き直しを保障する高校教育の再構築が必要である。

前掲『ドキュメント高校中退』に、子どもや若者の貧困を防止するもっとも必要な施策は「高校授業料無償化」だと書いた。民主党政権でいったん実現した後、その後の政権交代で後戻りしてしまったのは残念でならない。九八％もの同年齢の若者たちが高校に進学するということは、義務教育と実態は変わらない。入学時に学力検査を行い、公立の学校で授業料を徴収することは高校教育の現実にはそぐわない。この社会を形成する市民の育成は社会全体で公平に引き受けるべき課題だ。

二〇〇〇年以降、この一五年間で、高校中退者は一六〇万人。平均すると毎年、一〇万人を超える生徒が高校教育から脱落している。大阪、東京、埼玉など各地の教育委員会の調査でも七〇％を超える高校中退者がその後、無業かフリーターとして生きていることが明らかになっている。貧困問題の中核は高校中退である。

近代教育の最大の目的の一つは社会統合にあるとされる。その理念を実現するために、能力主義（メリトクラシー）という教育への機会の平等原則がつくられた。その原則の保障が教育の無償性である。ところが拡大する貧困と社会の二極化という事態を前に、教育はどのような役割を果たせるのか。本当に、教育は困難を抱える若者たちにとって「人生前半の社会保障」といえるのだろうか。子どもから大人へ、学校から社会へ、その移行期を担う高校教育は「人生前半の社会保障」の役割を果たしているのだろうか。学び直しの保障、まさにセカンドチャンスを保障する機関としての高校教育制度の改革が求められている。

3　増え続ける貧困高齢者
――その原因とメカニズム――

唐鎌直義

かれこれ三〇年近くにわたって高齢者の貧困を研究してきた。その際に最も有力な客観的根拠として依拠し続けてきた官庁統計は、厚労省『国民生活基礎調査』のなかの高齢者世帯に関するデータである。しかしながら、平成一九（二〇〇七）年版の『国民生活基礎調査』以降、高齢者世帯の「世帯構造別所得階層分布」のデータは公表されなくなった。高齢者世帯全体（計）の所得階層分布のデータは今も公表されているのだが、世帯構造別のデータが公表されないと、高齢者世帯の貧困率と貧困世帯数を把握することはできない。なぜならば、貧困測定尺度（金額）は世帯員数によって異なるからである。一時はもうこの研究を止める潮時かなと思ったりもしたが、その半面、このような重要なデータを公表しなくなった厚労省の姿勢に対して強い憤りが湧いてきた。国民の知る権利を制限してはいけない。意味のあるデータの秘匿は民主主義の後退と同義である。

以上のような事情から、甚だ不本意ではあるのだが、それでも高齢者世帯の貧困率と貧困世帯数を明らかにするために、『国民生活基礎調査』の「六五歳以上の高齢者がいる世帯」の世帯構造別所得階層分布のデータを援用することにした。しかし、このデータから得られる貧困率等は、飽くまでも近似的な数値でしかなく、正確なものではないことを予め断っておかなければならない。こうなった原因は、ひとえに厚労省の秘匿体質にある。余程、都合の悪いデータなのだろう。

男単独世帯と女単独世帯に関しては、当然に「六五歳以上の高齢者がいる世帯」のデータで正確なのだが、夫婦世帯とその他の世帯に関しては実際よりも貧困率が低く現れる可能性がある。その理由は、「六五歳以上の高齢者がいる世帯」のなかの夫婦世帯には、高齢者世帯に属さない世帯つまり「夫婦のどちらかが六五歳未満の世帯」が一四六万一〇〇〇世帯含まれているからである。高齢者の場合、通常、世帯員の年齢が低いほど世帯収入は高くなる傾向がある。二〇一三年度現在、「六五歳以上の高齢者がいる世帯」のなかの夫婦世帯の総数は六九七万四〇〇〇世帯であるが（表5）、『国民生活基礎調査』が定義する高齢者世帯のなかの夫婦世帯の数は五五一万三〇〇〇世帯である（表6）。世帯収入を引き上げる方向に作用する世帯が二割ほど含まれているデータを使っているということになる。

その他の世帯に関しても同様である。「六五歳以上の高齢者がいる世帯」のデータでは、高齢者世帯に属さない世帯つまり「六五歳以上の高齢者の他に一八歳以上の世帯員がいる世帯」が一九五万世帯含まれている。「六五歳以上の高齢者がいる世帯」のなかのその他の世帯の総数は二三二万一〇〇〇世帯であるが（表5）、『国民生活基礎調査』が定義する高齢者世帯のなかのその他の世帯は三七万

表5　65歳以上の高齢者がいる世帯所得階層分布（2009年と2013年）

（単位：%）

所得階層	三世代	夫婦と未婚子	単親と未婚子	夫婦のみ	男の単独	女の単独	その他	計
<2009年>								
50万円未満	−	0.3	1.5	0.5	2.7	8.1	0.3	2.0
50~100万円未満	0.4	1.6	6.6	3.0	10.9	22.8	2.1	6.6
100~150万円〃	1.7	2.5	5.6	5.7	17.4	21.5	4.6	8.1
150~200万円〃	0.8	2.8	7.6	6.6	12.0	18.4	6.1	7.7
200~250万円〃	1.5	5.4	11.6	9.4	19.5	12.8	6.1	8.7
250~300万円〃	2.5	7.3	8.1	12.7	14.1	7.6	7.3	8.7
300~350万円〃	3.2	6.0	7.1	15.7	10.9	3.4	7.3	8.6
350~400万円〃	3.4	6.3	9.1	13.0	4.9	0.7	7.0	7.0
400~500万円〃	9.4	13.8	8.1	12.8	3.3	2.0	12.5	9.4
500~700万円〃	17.4	22.4	13.6	11.7	3.8	1.5	15.5	12.0
700万円以上	59.7	31.5	21.2	8.9	0.5	1.1	31.3	21.3
計	100.0	100.0	100.0	100.0	100.0	100.0	100.0	100.0
世帯数（万世帯）	351.8	233.8	139.2	599.2	128.5	334.6	225.4	2,012.5
構成比	17.5	11.6	6.9	29.8	6.4	16.6	11.2	100.0
<2013年>								
50万円未満	0.1	0.3	0.9	0.1	4.9	6.2	0.3	0.4
50~100万円未満	0.4	1.0	6.5	2.4	12.0	21.6	2.1	2.4
100~150万円〃	1.4	2.5	8.9	4.5	17.5	22.4	4.6	5.5
150~200万円〃	1.6	2.9	11.3	7.4	16.2	19.1	6.1	4.2
200~250万円〃	1.9	4.2	11.3	9.6	15.2	15.7	6.1	4.6
250~300万円〃	2.9	5.5	6.3	13.4	11.0	6.5	7.3	6.8
300~350万円〃	3.9	7.7	6.8	14.5	7.4	3.0	7.3	7.1
350~400万円〃	3.9	5.7	6.5	12.8	5.5	1.8	7.0	7.1
400~500万円〃	8.2	13.9	10.4	14.0	4.9	1.6	12.5	12.0
500~700万円〃	17.8	22.5	15.5	11.9	3.2	1.1	15.5	17.5
700万円以上	57.8	33.8	15.8	9.3	2.6	0.9	31.3	32.5
計	100.0	100.0	100.0	100.0	100.0	100.0	100.0	100.0
世帯数（万世帯）	295.3	274.3	169.9	697.4	165.9	407.1	232.1	2,242.0
構成比	13.2	12.2	7.6	31.1	7.4	18.2	10.4	100.0

出所）厚労省『国民生活基礎調査』（平成21年版）p.177, 301、同（平成25年版）p.575, 181より作成。

表6　高齢者世帯の所得階層分布（2009年と2013年の比較）

（単位：%）

	2009年					2013年				
所得階層	計	男単独	女単独	夫　婦	その他	計	男単独	女単独	夫　婦	その他
50万円未満	3.3	2.7	8.1	0.5	0.6	2.7	4.8	6.2	0.1	0.4
50～100万円未満	11.0	10.9	22.8	3.0	4.2	10.1	12.0	21.6	2.4	2.4
100～150万円〃	13.5	17.4	21.5	5.8	6.6	12.4	17.5	22.4	4.5	5.5
150～200万円〃	11.7	12.0	18.4	6.7	4.8	12.6	16.2	19.1	7.4	4.2
200～250万円〃	11.3	19.5	12.8	9.6	7.2	12.1	15.2	15.7	9.6	4.6
250～300万円〃	11.3	14.1	7.6	12.6	7.8	10.7	11.0	6.5	13.4	6.7
300～350万円〃	10.7	10.9	3.4	15.7	7.8	10.1	7.4	3.0	14.5	7.1
350～400万円〃	7.8	4.9	0.7	13.2	7.8	8.6	5.5	1.8	12.8	7.1
400～500万円〃	8.0	3.3	2.0	12.8	13.9	8.5	4.8	1.6	14.0	12.0
500～700万円〃	7.0	3.8	1.5	11.5	15.1	7.2	3.2	1.1	11.9	17.5
700万円以上	4.4	0.5	1.1	8.5	24.1	5.1	2.6	0.9	9.3	32.5
計	100.0	100.0	100.0	100.0	100.0	100.0	100.0	100.0	100.0	100.0
世帯数（万世帯）	962.3	128.5	334.6	467.8	31.4	1161.4	165.9	407.1	551.3	37.1
構　成　比	100.0	13.3	34.8	48.6	3.3	100.0	14.3	35.1	47.5	3.2

注）高齢者世帯の世帯構造（世帯類型）別の所得分布は平成19年度版以降、なぜか公表されなくなった。表中の「夫婦のみ世帯」と「その他の世帯」の所得分布は「65歳以上の高齢者のいる世帯」に関するデータを援用したものである。「夫婦のみ世帯」に関しては「高齢者世帯」に属さない世帯（夫婦のどちらかが65歳未満の世帯）が146.1万世帯含まれており、「その他の世帯」に関しても「高齢者世帯」に属さない世帯（65歳以上の高齢者の他に18歳以上の世帯員がいる世帯）が195.0万世帯含まれている点に注意。

出所）厚労省『国民生活基礎調査』（平成21年版）p.222, 237-240、同（平成25年版）p.575, 178, 181より作成。

一〇〇〇世帯に過ぎない（表6）。一桁違っている。何と八四％が高齢者世帯に属さないその他の世帯ということになる。したがって、「六五歳以上の高齢者がいる世帯」のデータを用いると、所得分布に関して非常に誤差が大きくなると思われる。ただし重要な点は、その誤差は貧困率が実際よりも低く現れる方向に働いていると判断されるということである。六五歳以上高齢者の同居者が一八歳未満の者である場合よりも一八歳以上の者である場合の方が、世帯所得は高くなるからである。実際の「高齢者世帯」のなかのその他の世帯の貧困率は、便宜上この分析から導かれた数値よりもかなり高くなるであろう、ということを指摘しておきたい。

■増え続ける貧困高齢者世帯

男高齢単独世帯の増加と貧困化

上記のようなデータ利用上の限界を承知の上で作成したのが、表6「高齢者世帯の所得階層分布（二〇〇九年と二〇一三年の比較）」である。

所得階層別の分布状況を構成比で示してあるが、高齢者世帯全体（計）で見ると、二〇〇九年と二〇一三年では、所得階層分布にそう大きな変化は見られない。相変わらず高齢者世帯の貧困は放置されたままである。詳しく検討すると、ごく微細な変化に過ぎないが、所得階層が総体的に少し上位方向にシフトしている傾向が読み取れる。具体的には、年収一五〇万円未満の貧困な三階層（以下、貧困階層と称する）が二七・八％から二五・二％に減少している。[1] 年収一五〇万～二五〇万円の低所得の二階層（以下、低所得階層と称する）が二三・〇％から二四・七％に微増している。二五〇万～三五〇万円の中所得の二階層（以下、中所得階層と称する）は二二・〇％から二〇・八％に微減しているが、三五〇万円以上の相対的高所得の四階層（以下、相対的高所得階層と称する）は二七・二％から二九・

四％に増加している。高齢者世帯全体としては、この四年間にほんの僅かだが世帯所得が上昇したと言えるであろう。

年収一五〇万円未満の貧困階層に関して世帯類型別に検討すると、女単独世帯は五二・四％から五〇・二％に、夫婦世帯は九・三％から七・〇％に、その他の世帯は一一・四％から八・三％に、それぞれ減少している。そうしたなかで、男単独世帯は唯一、貧困階層に属する世帯が三一・〇％から三四・三％に増加している。貧困階層に属する高齢者世帯の比率が全体として減少傾向を示す中で、男単独世帯だけがひとり貧困化の様相を強めていることが判る。

これは、近年における男の高齢単独世帯の顕著な増加と性格の変化の影響と思われる。二〇一三年度現在で一六五万九〇〇〇世帯、高齢者世帯全体の一四・三％を占めるに至っている。かつては、男の高齢単独世帯はかなり少なく、高齢日雇労働者のような家庭を築くことのできなかった生涯未婚の不安定低所得男性でほぼ占められていた。しかし、今日では高齢期を迎えた頃に配偶者から絶縁された離婚男性の高齢単独世帯が増えてきている。それは結婚歴のある男性野宿者が増えていることにも表れている。その背景には、中高年女性の婚姻生活に関する意識の変化もさることながら、離婚時の年金分割制度の導入や介護保険制度と後期高齢者医療制度における社会保険料の個人負担化が影響していると思われる。女性にとって老後を夫と共に暮らす経済的なメリットが、国の社会保障政策の影響を受けて、以前よりも薄れてきているのである。こうした要因が絡み合って、元来、例外的存在であった単身男性の老後の貧困が今日広がってきていると考えられる。そうであるとするならば、この問題は今後さらに一定程度にまで拡大していくと思われる。男の単独世帯の貧困は女の単独世帯の貧困と同様に、軽視されてはならない大きな社会問題になると考えられる。

主題から逸れるので多言を避けるが、貧困階層以外の低所得階層、中所得階層、相対的高所得階層に属する高齢者世帯の動向について、表から得られた状況を簡単に述べておきたい。近年、中所得階層が低所得階層と相対的高所得階層に二極化する傾向を読み取ることができる。年収三五〇万円以上の相対的高所得の高齢者世帯は確実に増えている。高齢期生活に至っても、アベノミクス（格差拡大政策）の影響からは逃れられないようである。日本の高齢者の生活水準はますます多様化し、消費税率の一〇％への再引き上げについても高齢者間で意見の一致を見ることは難しくなる一方であろう。

貧困高齢者世帯の増大

上記のように男の単独世帯における貧困階層の増加を唯一の例外として、高齢者世帯全体で見た場合には貧困世帯比率の微減傾向が読み取れる。しかし、それは飽くまでも構成比上の話であって、この四年間における高齢者世帯数の急増（九六二万三〇〇〇世帯から一一六一万四〇〇〇世帯へ一九九万一〇〇〇世帯増）を考慮するならば、構成比の微減は絶対数の急増によって根底から打ち消されてしまう。

表7は二〇〇九年と二〇一三年の高齢者世帯の貧困率と貧困世帯数、貧困高齢者数を表6から導いたものである。貧困測定基準等は表の欄外に示してある。高齢者世帯の貧困率はこの四年間に三五・二〇％から三四・三六％に微減しているが、貧困高齢者世帯の数は三三八万七〇〇〇世帯から三

表7　高齢者世帯の貧困率・貧困世帯数・貧困高齢者数（2009年と2013年）

	＜2009年＞			＜2013年＞		
	貧困率	貧困世帯数	貧困高齢者数	貧困率	貧困世帯数	貧困高齢者数
男の単独世帯	33.40％	42.9 万世帯	42.9 万人	37.54％	62.3 万世帯	62.3 万人
女の単独世帯	56.08％	187.6 万世帯	187.6 万人	54.02％	219.9 万世帯	219.9 万人
夫婦のみ世帯	21.76％	101.8 万世帯	203.6 万人	20.16％	111.1 万世帯	222.3 万人
その他の世帯	20.52％	6.4 万世帯	12.8 万人	15.26％	5.7 万世帯	11.4 万人
高齢者世帯計	35.20％	338.7 万世帯	446.9 万人	34.36％	399.0 万世帯	515.9 万人

注）生活保護支給額を参照して単独世帯で年収160万円、2人世帯で年収230万円を貧困測定基準とした。その他の世帯の平均世帯員数は2人と想定した。
出所）厚労省『国民生活基礎調査』（平成21年版）p.221,237-240、同（平成25年版）p.575,178,181より作成。

九九万世帯に六〇万三〇〇〇世帯も増加している。貧困高齢者世帯の増大に歯止めがかからない状態と言ってよい。

前項で男の単独世帯の急速な貧困化を指摘したが、世帯数の圧倒的な差から見れば、女の単独世帯の貧困は依然として深刻なままである。二〇一三年には二一九万九〇〇〇世帯に達している。これがどれほどまでに大きな数値であるか、被保護世帯数と対比してみれば一目瞭然である。二〇一三年度の被保護者調査から一カ月平均の生活保護受給世帯数を見ると、一五八万三九一九世帯となっている。女の単独世帯の貧困だけで、六一万世帯も被保護世帯の総数を上回っていることになる。ちなみに、二〇一三年の被保護世帯の内、高齢者世帯に分類されている被保護世帯数は七一万九六二五世帯に過ぎない。貧困な高齢者世帯の数は三九九万世帯であるから、生活保護制度による貧困高齢者世帯の救済の程度（捕捉率）は一八％ということになる。貧困な高齢者世帯の八二％が漏救という現実が今も広がったままである。

こんな有様を放置したままでは、生活保護を受給している高齢者に対するバッシングは容易に繰り返されるであろう。バッシング問題は厚労省の生活保護行政の不備という問題を糾弾するだけでは不十分であろう。高齢者の貧困を考える場合に、それをなくそうと努力する側が、被保護高齢者の周辺にその五倍以上もの厚い層をなして存在する漏救貧困高齢者や保護基準の一・一倍とか一・二倍といったボーダーラインに位置する低所得高齢者の大量な存在を十分に認識し、そこに向けた世論喚起に努めなければならない。そうした営為なくして、現在進行中の生活保護裁判に関する正しい理解を世に広めることは難しいであろう。

■貧困増大の原因とメカニズム
――税と社会保障の一体改悪――

政府主導による八方塞がり家計の出現

ここでは総務省『家計調査年報』を用いて、無職の高齢夫婦世帯の家計の変化から高齢者世帯の貧困の原因とメカニズムを追究することにしたい。任意に選んだ一九九九年と二〇〇七年、二〇一四年のデータを用いて、無職の高齢夫婦世帯の家計の一五年間の変化を辿ることにする。

ここで用いられたデータは必ずしも貧困高齢者世帯に関するデータではない。次ページの表8「無

表８　無職の高齢夫婦世帯の主な家計費目の変化（1999年、2007年、2014年）

（単位：円、1999年＝100）

	実数			指数			増減額
	1999年	2007年	2014年	1999年	2007年	2014年	(2014－1999)
Ⅰ．実収入	255,403	223,459	207,347	100	87.5	81.2	−48,056
1．配偶者の稼働収入	4,307	2,678	2,950	100	62.2	68.5	−1,357
2．財産収入	2,316	3,337	3,541	100	144.1	152.9	+1,225
3．社会保障給付	232,241	207,574	190,800	100	89.4	82.2	−41,441
Ⅱ．実支出	269,446	269,680	268,907	100	100.0	99.8	−539
1．消費支出	247,751	237,475	239,485	100	95.9	96.7	−8,266
①食料	61,168	58,092	60,869	100	95.0	99.5	−299
②被服・履物	10,518	7,916	6,940	100	75.3	66.0	−3,578
③家具・家事用品	9,611	8,674	9,788	100	90.3	101.8	+177
④住居費	19,550	15,342	16,158	100	78.5	82.6	−3,392
⑤光熱・水道	16,772	18,681	21,042	100	111.4	125.5	+4,270
⑥保健医療	13,422	16,396	14,635	100	122.2	109.0	+1,213
⑦交通・通信	20,908	22,256	26,825	100	106.4	128.3	+5,917
⑧教育	−	2	9	−	−	−	+9
⑨教養娯楽	27,224	27,524	25,968	100	101.1	95.4	−1,256
⑩交際費	39,782	35,655	28,749	100	89.6	72.3	−11,033
2．非消費支出	21,695	32,206	29,422	100	148.4	135.6	+7,727
①直接税	11,176	15,121	12,582	100	135.3	112.6	+1,406
②社会保険料	10,491	17,048	16,811	100	162.5	160.2	+6,320
Ⅲ．実支出以外の支出							
1 純預貯金	−20,813	−36,036	−30,950	−100	−173.1	−148.7	−10,137
2 保険掛金	26,240	14,730	8,011	100	56.1	30.5	−18,229
3 クレジット購入返済	9,872	12,009	16,911	100	121.6	171.3	+7,039
＜参考＞							
1．可処分所得	233,708	191,254	177,925	100	81.8	76.1	−55,783
2．家計黒字額	−14,043	−46,221	−61,560	−100	−329.1	−438.4	−47,517
3．有業人員	0.06人	0.05人	0.07人				
4．世帯主年齢	72.2歳	73.4歳	74.6歳				
5．持ち家率	90.1%	89.5%	93.6%				
6．世帯年収	306.5万円	268.2万円	248.8万円				−57.7万円

出所）総務省『家計調査年報』各年度版より作成。

職の高齢夫婦世帯の主な家計費目の変化」の最下欄に示されているように、高齢夫婦世帯で二〇一四年現在、平均年収二四八万八〇〇〇円の世帯がここでの分析対象である[2]。表7で用いた貧困測定基準、つまり高齢夫婦世帯で年収二三〇万円未満には該当しない。しかし、無職の高齢夫婦世帯として、家計費目の変化と動向は貧困高齢者世帯と共通していると考えられる。市場経済の下では消費の平準化が進んでいるからである。もちろん今日、階層消費も同時に進行しているが、年収二三〇万円未満の世帯と平均年収二四八万円の世帯との間に際立った階層消費は存在しないと考えてよいであろう。むしろ無職の高齢夫婦世帯の家計が描き出す変化と動向をより強調して体現しているのが貧困高齢者世帯の姿であると考える。

最初に、表8を大きな視点から見ていくことにする。無職の高齢夫婦世帯の実収入は、二〇一四年現在、月額二〇万七〇〇〇円余である。この一五年間に月額で四万八〇〇〇円余も実収入が低下した。世帯年収に換算すると一五年間で五七万七〇〇〇円の低下である。「失われた二〇年」とは言え、高齢者世帯もかなりドラスティックな収入の低下に見舞われたことになる。実収入が低下した最も大きな理由は、指摘するまでもなく、社会保障給付の低下である。一五年間で月額四万一〇〇〇円余も低下しており、実収入の低下額の実に八六％が社会保障給付の低下によるものである。つまり社会保障政策（主として年金政策）を通じた、政府に主導された実収入の低下なのである。

その半面、実支出の方は殆ど低下しなかった。一五年間でわずか月額五三九円の低下である。実収入の低下に伴って実支出が低下しなかったために、家計の収支バランスは大幅に悪化した。一九九九年には無職の高齢夫婦世帯の家計赤字額は月額一万四〇〇〇円余だったのに対して、二〇一四年には赤字額は月額六万一〇〇〇円余に達している。その結果、預貯金の取り崩し額は月額三万円余に増えており、年間では三七万円余も高齢者の貯金が目減りしている計算になる。

実収入が低下するなかで、直接税と社会保険料負担は一五年間に月額七〇〇〇円余も上昇した。年間八万四〇〇〇円余の負担増である。実収入から非消費支出（直接税＋社会保険料）を差し引いた金額のことを可処分所得と言うが、結果的にそれは一五年間に月額五万五〇〇〇円余も低下した。社会保障給付を削減して高齢者世帯の収入を減らしただけでは飽き足らず、税・健康保険料などの諸負担を引き上げた。まさに高齢者世帯に対する「ダブル・パンチ」状態である。これに消費税引き上げを含めたならば、高齢者世帯が負う公租公課は一五年間にどれほど重くなったであろうか[3]。差し当たり「トリプル・パンチ」と表現しておきたい。家計を分析すると、今、多くの高齢者が政府の悪政に対して怒り心頭に発している理由がよく理解できる。

新幹線のなかで灯油をかぶって焼死した高齢者の行為は決して許されるものではないが、その心情を思いやると非難の矛先も鈍りがちとなる。年金額の低下にひどく悩んでいたと言う。屈託のない笑顔の写真を残した人は、本当は安倍政権の悪政の犠牲者ではないか。ずっと以前、新宿駅西口バスターミナルで出発待ちのバスにガソリンを撒いて放火した野宿者がいた。犯人は獄死したが、その事件で全身に大やけどを負った犠牲者の一人は、退院した後に犯人のことを知ってから、その犯人を憎む気持ちになれなくなったという。その気持ちを正直に本で告白して、世間から大きな非難を浴びた経験もあったという。

こういう事件が時代を隔てて繰り返される日本。事件そのものが何事もなかったように消去される日本。なぜ司法は本当の原因の解明に至ろうとはしないのだろうか。富裕層は新幹線の自由席には乗らないからかも知れない。また乗合バスなどには滅多に乗らないからかも知れない。リスクの貧富間格差を十分に認識しているのであろう。恵まれない境遇の人から一般人が無差別的被害を被った場合、それは誰に対して何を訴求するべきなのだろうか。恵まれない人の、過去と現在の弱さを叩くべきなのだろうか。行為の愚かさや理解の低さを、笑うべきなのだろうか。そんなことは私にはできない。その「できない」という点に、加害者と私たちの共通項（階級的同質性の地平）があるのではないか。そこから本当の事件の原因が、本当の敵の姿が見えてくるのではないか。

消費支出の動向——生活様式の急激な変化

前項で実支出は一五年間で殆ど低下していないと指摘した。その理由は実支出のなかの非消費支出（税・社会保険料）が一五年間で月額七〇〇〇円余引き上げられてきたために、そのあおりを受けて消費支出（いわゆる家計費）の方が一五年間で月額八〇〇〇円余低下したためである。今日、消費抑制が高齢者世帯に限定されることなく、一般勤労者世帯にまで広がっている。テレビで「サラめし」とか「手作り弁当」講座とか、いかに昼食を安価で栄養豊かに提供できるかに関する番組が人気を博しているのは、昨今の消費抑制圧力のせいである。ここでは消費支出を主だった一〇費目に分類して検討することにしよう。

一五年間に支出額が増加した費目と減少した費目がある。前者から先に述べると、光熱・水道費、交通・通信費、保健医療費という「社会的固定費目」に分類される費目が、いまも家計費圧迫の三巨頭である。この一五年間に順に、月額四〇〇〇円余、六〇〇〇円弱、一〇〇〇円余、支出額が増加した。三者合計の支出額は月額六万二五〇〇円余に達しており、一五年間で一万一〇〇〇円余の支出増となっている。わずかな年金から月々六万円余を捻出するのは大変なことである。これらの費目は、日常生活を送る上で消費量をコントロールすることが難しく、毎月決まった額が固定的に支出され、支出額にも貧富の差があまり反映されないために「社会的固定費目」と呼ばれる。また代金が金融機関を通じて毎月自動的に引き落とされることが多いために、支出額が意識されないことが多い。またこれらの諸サービスは、そのほとんどが公共機関や独占的大企業によって提供されているために、価格競争が働きにくく、いわば「言い値」で買わされている傾向にある。本当は、保健医療費に象徴されるように、この領域に属する費目を如何に安価に安定的に提供できるかが、政府の責任でなければならないのだが、日本では原発に象徴されるように、利権の巣になることが多く、不透明に設定された割高な価格で支出させられているのが現状である。

こうした支出額が顕著に増大した費目があるために、支出額を減らさなければならない費目が生じることになる。後者には食料費、被服・履物費、住居費(家屋の修繕費)、教養娯楽費、交際費が該当する。これらの費目は購入量を減らしたり、より安価な商品に代替したりすることが比較的容易な費目である。無職の高齢夫婦世帯の場合は、毎日出勤する必要がないので、外食費や被服・履物費の節約は一般勤労者世帯以上に進む傾向にある。勤労から解放されると、教養娯楽や交際費への要求が高まるのは自然な流れであるが、社会保障給付が減らされている現状の下では、これら老後の楽しみを充足させる費目もまた節約の対象とならざるを得ない。多くの高齢者は、自分の老後生活がこのようなものであるとは想像もしなかったであろう。

老後は、本当はバラ作りをしたかったが、肥料代や農薬代といったコストが高くて無理。せめて土に親しみたいとナスやミニトマトの苗を購入して、栽培欲と食欲を同時に満たせる方向性を模索する。かくてガーデンセンターの苗売り場は夥しい種類の野菜の苗に席巻されることになる。交際費の大幅な節約圧力は、「ジミ婚」「ジミ葬」の普及という冠婚葬祭の一大革新をもたらした。このような激変はかつてなかったことではないか。これは庶民文化の一種の貧困化ではないか。近年では人の死も軽くなったものだと思われる。その先に集団的自衛権に基づく海外派兵（人の命の軽視）があるのだろう。

高齢期生活と公的年金

表9（次ページ）は、公的年金の有無別に高齢者世帯の所得分布を見たものである。二〇〇九年と二〇一三年を比較すると、公的年金しか収入のない世帯が五％ほど減少し、それに代わって年金＋年金以外の収入で生活する高齢者世帯が五％ほど増加している。無年金の高齢者世帯はどちらの年も約四％と変化がない。長期的には低下傾向にあったのだが、下げ止まりしている。高齢者世帯が急増している現状を考慮すると、無年金高齢者世帯の絶対数は今後、ジリジリと増えていくであろう。

一九九〇年代末から一貫して公的年金しか収入のない高齢者世帯が増え続けていたのだが、近年に

表9　公的年金の有無別・高齢者世帯の所得階層分布（2009年と2013年）

（単位：%）

所得階層	2009年				2013年			
	年金のみ	年金＋年金以外の収入	無年金	計	年金のみ	年金＋年金以外の収入	無年金	計
50万円未満	5.0	0.6	1.6	3.3	4.1	0.4	7.3	2.7
50〜100万円未満	12.9	5.9	25.8	11.0	14.6	3.4	14.7	10.1
100〜150万円〃	16.3	8.0	17.7	13.5	15.3	6.5	31.5	12.4
150〜200万円〃	14.3	7.1	11.3	11.7	16.3	7.2	16.8	12.6
200〜250万円〃	13.0	8.4	11.3	11.3	14.3	9.8	4.2	12.1
250〜300万円〃	12.0	11.0	4.8	11.3	11.8	9.9	3.1	10.7
300〜350万円〃	12.1	9.1	3.2	10.7	11.9	9.2	4.2	10.1
350〜400万円〃	8.1	7.6	4.8	7.8	6.5	11.9	3.1	8.6
400〜500万円〃	4.4	14.7	4.8	8.0	3.9	15.3	2.1	8.5
500〜700万円〃	1.7	16.4	6.5	7.0	1.9	14.5	6.3	7.2
700万円以上	0.1	11.3	8.1	4.4	0.1	11.8	7.3	5.1
計	100.0	100.0	100.0	100.0	100.0	100.0	100.0	100.0
世帯数（万世帯）	586.0	336.8	38.5	962.3	644.6	471.5	45.3	1161.4
構成比	60.9	35.0	4.0	100.0	55.5	40.6	3.9	100.0

出所）厚労省『国民生活基礎調査』（平成21年版）p.42,322、同（平成25年版）p.582より作成。

至って再び減少に転じた。年金以外の収入とはその大半が稼働収入なので、近年、高齢者の雇用機会が増え始めたということであろう。しかし、どの所得階層の高齢者世帯の雇用機会が増えたのかを見ると、年収二〇〇万円以上の世帯となっている。公的年金の支給額が低いので働き始めたということではない。そういう低所得・貧困高齢者世帯は働く動機も強いと思われるが、そういう人々にマッチした職種の雇用機会は少ないのが現状である。高齢者の雇用機会もまた所得格差を拡大させる要因に転化しつつある。

したがって、景気が若干上向き、高齢者に対する雇用機会が少し増えたとしても、公的年金の高齢者世帯の収入に占める位置は変わらない。全ての高齢者に対して、公的年金で最低生活が保障される仕組みを創設することが、現在でも非常に大きな意味を持ち続けている。過去の支給額を理由にした年金支給額の一律カットやマクロ経済スライドの適用開始は止めるべきである。落語の「刻蕎麦《ときそば》」みたいなことを政府はやるべきではない。

表9の縦の計の欄を見ていてつくづく思うことは、日本の高齢者の所得水準は本当にバラバラであるということである。各人各様の老後。それが日本人の老後生活ということである。そもそも老後生活くらいは平準化するために社会保障制度は存在するのではなかったか。その根本に立ち返らないと、不幸な高齢者の続出を止めることはできない。

■社会保障の拡充は景気回復の道標
――スタックラー＆バス『なぜ緊縮財政は人を殺すのか』（二〇一三年）から――

高齢期の貧困について『国民生活基礎調査』と『家計調査年報』を材料に分析してきた。そこから浮かび上がってくるのは、貧困高齢者の増大と生活困難の進行である。それを促進しているのは広い意味での社会保障・社会福祉の後退である。自助と共助を優先して、公助はそれらを補う役割で良いとするアベノミクス社会保障改悪は、基本的にあらゆる国民に対して「生活の自己責任」を強要している。六五歳を過ぎて働く場所さえ失った多くの勤労者にとって、それで本当に生活の安心と安定が得られるのか、よく考えなければならない。

社会保障の拡充を主張すると、それに対して即座に「国の財政難」「一〇〇〇兆円を超える赤字国債の累積問題」「少子高齢化による世代間不公平」などの拒絶的な答えが返ってくる。最後に付け加えられる言葉は「無責任な発言は止めろ」である。今、国民のあらゆる要求に対して財政難を主張しない政党は、「無責任政党」としてパージされるらしい。学問の世界においても大同小異である。

そういえば、新国立競技場の建設費三〇〇〇億円をめぐって議論が喧《かまびす》しかった時、安倍政権の誰一人として財政難を言う者はいなかった。ロンドン・オリンピックの競技場が五個ないし六個もつくることができる莫大な金額を、なぜ東京五輪の一競技場に投じなければならないのか。最高額でも七〇〇億円が限度ではないか。関係者は皆、金銭感覚が麻痺しているのであろうか。否、そうではないであろう。本当は財政難など深刻に考える必要性がないほど、日本の経済力は豊かなのではないか。業界で「アンビルドの女王」と呼ばれている、建設できない建造物を設計する人のデザインを採用したと言うのだから驚く。建設途中で放棄された建造物が多いと言う。国民の暮らしに直結する場合にのみ、財政難という便利な言葉は使われるらしい。やはりゼネコンと米軍はいまも聖域なのだ。

こうした新自由主義の経済政策が世界的に蔓延している中で、それを真正面から批判する研究者が現れた。日本における新自由主義批判の文献は、圧倒的にイデオロギー批判が多いのであるが、ここに紹介するデヴィッド・スタックラーとサンジェイ・バスという二人の公衆衛生学者によって上梓された『なぜ緊縮財政は人を殺すのか』（二〇一三年刊）は、新自由主義の経済政策に対する実証的批判の書である。(4) 公衆衛生分野の主たる研究テーマである自殺や精神疾患、ＨＩＶなどに関する統計データを素材として、それらの問題と新自由主義経済政策との相関関係を疫学の方法を用いて明らかにした研究である。自然科学の研究は実験が可能であるが、社会科学の研究は実験することができない。そこで二人は、社会的に大変な事態が生じた時に、全く異なる対応策をとった二つの国や地域を比較することにより（これを自然実験と呼んでいる）、その対応策と公衆衛生上の諸問題との相関関係を過去のデータから証明した研究である。

紙幅の関係から詳述できないが、最初に、一九三〇年代の世界大恐慌の時にフーバー大統領が採用した自助努力政策と、フーバー失脚後にルーズベルト大統領が採用したニューディール政策とを対比している。ルイジアナ州ではH・ロング知事により「富の共有運動」が提唱され、それが肺炎死亡率の低下、小児死亡率の低下、自殺率の低下に寄与した。それがニューディール政策の採用に繋がったという。

次は、一九九〇年代のソ連崩壊後のロシアにおける死亡率の急上昇とロシア人男性の平均寿命の低下（三年間で六歳も低下）を明らかにしている。M・フリードマンの助言による急進的市場経済への移行（「ショック療法」という）がその原因であると結論づけている。これに対してポーランドとベラルーシではJ・スティグリッツの助言を受け、漸進的移行を採用した。この方針に関しては、両国とも労働組合の力が強く、労組が市場経済への移行に強く抵抗したために、そうならざるを得なかった面があると指摘している。漸進的移行の結果、市場経済への理解が浸透し、それが外資導入の成功に結びつき、市場経済への移行にともなう犠牲者を殆ど出さずに済んだという。

第三の自然実験は、一九九〇年代末のアジア通貨危機の際のタイとマレーシアの対応の違いである。タイではIMFの緊急融資を受け入れ、財政健全化、社会保障削減に取り組んだ。その結果、GDPの大幅低下、貧困率の急上昇、エイズ感染者の爆発的増大（一〇〇万人）を招いた。これに対してマレーシアではIMFの支援を拒否して、あろうことか七〇億リンギットの財政出動に踏み切った。対ドル交換レートを固定化し、投機家が食料品投機に向かうのを防御した。その結果、食料価格が上昇することもなく、迅速に経済が立ち直った。マハティール首相の英断の功績であるという。

最後の自然実験は、二〇〇八年秋に起こったリーマンショックの際のアイスランドとギリシャの対応の差である。アイスランドでは二度に及ぶ国民投票を経て、銀行救済に反対し（無謀な投資の結果は銀行が負うべきで、国民に責任はない）、富裕層に対する増税で危機を乗り切った。解雇ではなく労働時間の短縮を選択したために、長時間労働から解放された国民の健康水準が上昇し（心臓発作が激減）、ファストフードの消費が減り、マクドナルドがアイスランドから撤退した。これに対してＩＭＦの緊急支援を受け入れたギリシャでは歳出の削減、付加価値税の引き上げ、公務員の解雇、年金の凍結、燃料税の導入、公衆衛生予算の削減などを行った。その結果、マラリアや西ナイルウイルス、ＨＩＶの感染が広がり、親による子捨てが発生するようになった。しかも今もって景気は回復せず、失業率は四〇％に接近している。金融資本や政府の無謀な経済活動のつけを、国民に犠牲を押し付けることにより乗り越えようとすることは却って経済の回復を遅らせることになると結論づけている。

筆者も一〇年ほど前に、日本における自殺者数の急増問題を小泉構造改革（痛みを伴う政治）の進行と関係づけて、「経済政策は戦争よりも多くの人を殺す」と主張したことがある。苦しい時こそ、困難な時こそ、国家は国民の命と生活を守り抜くことが重要だと、二人の著者は語っている。

今日、多くの学者によってグローバリゼーションがあたかも宿命のように語られている。しかし、発展途上国の人々の民主化を求める運動により、賃金や労働条件が漸次引き上げられていくならば、グローバル企業の利潤源泉は枯渇していく。日本企業が中国から撤退し始めたように。世界ではフェアトレード（公正貿易）の運動も起きている。そういう国際的な民主化運動と手を携えて行動していくならば、私たちの未来は決して暗くない。人を犠牲にして栄える国などあってはならない。私たちが可能性をかける道は、唯一その道しかないのである。

（1）以下、四つの階層区分は行論上の区分に過ぎない。貧困測定基準から把握された高齢貧困世帯については、次節の分析を参照されたい。

（2）『家計調査年報』で貧困高齢者世帯を扱っているデータは存在しない。単身高齢者世帯に関するデータは公表されているのだが、今回は時間の関係でそこまで分析できなかった。今後の課題としたい。

（3）総務省『家計調査年報』から高齢夫婦無職世帯と高齢単身無職世帯の消費税負担率（一年間に支払った消費税額を世帯年収で除した負担率）を推計してみる。比較対照する意味から勤労者世帯（二人以上の世帯）について、最も所得の低い第Ⅰ10分位階層と最も所得の高い第Ⅹ10分位階層の消費税負担率も推計してみる。

消費税率が八％になった二〇一四年度現在、平均年収一三九万円の高齢単身世帯の消費税負担率は八・九四％、同二四九万円の高齢夫婦世帯のそれは八・六八％に達している。平均年収二七八万円の第Ⅰ10分位の消費税負担率は六・二〇％であるが、平均年収一三九八万円の第Ⅹ10分位階層のそれはわずか三・二三％に過ぎない。

累進税率を採用している直接税の負担額を年間収入で除して直接税負担率を算出し、上記の消費税負担率に加えてみると、第Ⅹ10分位階層の税負担率が一三・三七％であるのに対して、第Ⅰ10分位階層のそれは一〇・五九％、高齢単身世帯のそれは一三・六五％、高齢夫婦世帯のそれは一四・

七五％に達している。

最も所得の高い勤労者世帯の上位一〇％の税負担率を上回る税率で、低所得の高齢者世帯は税を負担している。所得税の累進性が消費税率八％によって完全に帳消しになっている。これでは高齢者の貧困・生活苦が増大し続け、国民消費の面から日本経済が沈滞化の一途を辿るのは必然である。

（4）橘明美氏と臼井美子氏による邦訳本のタイトルは『経済政策で人は死ぬか？』（草思社、二〇一四年刊）となっている。しかしながら、原著のタイトルを直訳すると『ボディ・エコノミック―なぜ緊縮財政は人を殺すのか―』となる。ここでは原著のタイトルの副題を掲げることにした。購入の際にはご注意願いたい。

4　支援の現場から見えてきた高齢者の貧困

藤田孝典

■うかびあがる高齢者の貧困

――初めに支援の現場からみた高齢者の貧困の実態、それが誰にでも広範に起こり得るものであることについて、お話しください。

相談の半数は高齢者

私たちのＮＰＯ（ほっとプラス）には、年間三〇〇人くらいの方が相談に来られます。その約半数は六五歳以上の高齢者です。年金が三万円しか出ていない、八万円しか出ていないといった人が来ます。相談に来た年間一五〇人くらいの人たちのおよそ九割が生活保護基準を割り込んできています。このように、生活保護相談の現場からは高齢者の貧困がくっきりとうかびあがってきます。

なぜ高齢者が貧困化するのか。後述しますが、もうすでに知られているとおり、日本の大きな特徴は、高齢期に年金が低いということです。これまでの年金は、家族間の扶助やこれまで積み重ねてきた資産の上に、付加的に年金を支給するというものにすぎず、年金で、すべての人のすべての生活のための費用を保障するということにはなっていなかったのです。現在では、家族形態も変化し、核家族も増えてきて、高齢者の一人暮らしの世帯も増えています。その結果、年金だけに依存する高齢者がとても増えてきています。これまでも、年金だけで暮らしてはいけず、息子さんの収入や預貯金などで暮らしてきたわけですが、それが形成できない層が相当増えてきています。この人たちが、生活保護基準相当で暮らしているという実態が現場では感じられるのです。

しかも、生活保護と年金で決定的に違うのは、生活保護が、最後のセイフティネットとして、すべてをみてくれるという点です。医療、介護はもちろん、税金も免除されます。それらを含めると相当な財源が投下されていることがわかります。これに対し、生活保護利用者以外の年金受給者については、年金だけで、医療費も無料ではありませんし、税金も当然払わなければなりません。これらの人たちに対する制度的不備があまりにも大きいのです。私は、この制度の問題を明らかにするために、「生活保護基準相当で暮らす高齢者およびその恐れがある高齢者」をあえて拙著（朝日新書、二〇一五年）で「下流老人」と定義しています。決して、見下すつもりで、このような言葉を使っているわけではありません。医療費を無料化していくとか、介護負担を軽減していく、住宅費を軽減していく家賃補助制度をつくるなどの、低年金層の人たちに対する政策を、いくつか入れていかない限り、高齢者の貧困――私のいう「下流老人」という問題が引き続き起こってくると思います。

普通に働き、普通に暮らし、年金を払ってきたという人たちが定年期を迎え、こうした問題に直面しています。そのうえ、いまの若い人たちのあいだでは非正規雇用がふえています。年金を払っていないというケースも少なくありません。低賃金で、国民年金だけというケースが多く、こうした若者の貧困、若者の雇用の現状自体が、老後の「下流老人」に直結する状況が生まれます。若者の雇用の現状は、いわば、〝時限爆弾〟みたいな状況をつくり出しています。将来の高齢者といまの高齢者の対策を急がないといけないというのが、私のいまの強い実感です。

普通に働いていた人が……

少し、実例を紹介すれば、例えば低年金で相談に来る方で、国民年金六万円だけで暮らしているという方がいました。それまで長く、八百屋さんを営んで、働いてこられた人ですが、収入は年金の六万円なのです。かつては八百屋さんなどの自営業は、たとえば息子さんが家業を継いで、家族ぐるみでその営業を続け、その収入からお父さんに補填してとか、お父さんの面倒をみて、という形態が普通でした。しかし、いまは、少子化も進んでいますし、誰も担い手がいないとなると八百屋さんをたたむことになる。すると頼りは六万円の年金ということになるのです。

しかも、この六万円で、暮らさざるを得ないとみんな思ってしまうのです。生活保護の制度自体も知りません。たとえ知っていたとしても、「なぜ四〇年間一生懸命働いてきたのに、俺が生活保護なんかを受けないといけないんだ」とプライドがどうしても邪魔をして受けられない。そして、野蒜《のびる》など野草を食べながら暮らす。親族にお金を借りるにしても、とても嫌な顔をされ、排除されます。迷惑をかけ、「死ぬしかないのか」と自殺も考えたというケースもあります。

しかし、低年金であること自体は普通のことで、恥ずかしいことではありません。社会構造のうえで、そうなるしかなかった人たちがいる。私たちは、生活保護に対して否定的な感情を持たなくていいということをいろいろなところで訴えていますが、このことがもう少し広がっていくといいと思っています。

普通に正社員をしていても、大企業に勤めていた人や公務員で出世した人など一部の人以外は、だいたい平均年収が四〇〇万円ていどで、厚生年金の受給額は一五～六万円です。すると、退職後、病気などをすると途端に老後の生活設計が狂います。差額ベッド代がかかる、入院費用が継続してかかる……。息子さんや娘さんが病気で働けなくなって扶養するといったことも起こります。息子さん、娘さんがブラック企業に勤めてしまい、鬱《うつ》病や精神疾患を発症して実家に戻ってくると、アルバイト程度でも稼げればいいですが、鬱が重い場合には、医療費から生活費からすべて面倒みるとなると、一人あたり月に一〇万円から一二万円くらい必要になります。とてもお父さんと奥さんだけの年金だと養い切れないことになります。ちょっと問題が生じると、簡単に生活費が足りなくなり、老後は不安定になります。

■政権がやってきたことの結果

お金がかかり過ぎる国

そもそも日本はお金がかかり過ぎる国なのです。現役のあいだでも、年収四〇〇万円では、息子さんの大学の学費を払ったら貯蓄などは望めません。おまけにほとんどの人は住宅ローンを組まざるをえません。地方では、車がないと暮らせない。金がかかり過ぎるなかで、老後のことも考えられない状況で必死で暮らしています。いざ六〇歳、六五歳になったときに、年金をみると、生活の質を相当下げざるを得ないし、その金額だと暮らせない人が出てくるのです。

たとえば、これは中小企業の普通のサラリーマンの方から相談があったのですが、その方は、埼玉県の郊外の都市で、高卒からたたき上げで四〇年間町工場で働いてきたという普通のサラリーマンの方でした。賃金が低いということもあるのですが、それでも一生懸命普通に働いて暮らしてきた人が、「なぜこれくらいの年金なの？　暮らしていけない」と相談に来られたのです。

「それは自己責任じゃないか」と言う方もいるでしょう。しかし、貯金や資産を形成していくことができない層がいるのです。貯金や資産を形成していくことができる層は、ある程度の高所得層だけです。平均的な年収四〇〇万円ていどの人たちが、普通に暮らしたら、貯金や投資はできないのです。

そういうなかで、少し支援が必要な人たちが出てきているということです。ちょっとした支援で大きく変わります。たとえば医療費や介護費、住宅費などの軽減です。この支出を下げる施策を打ち出すことで、年金だけでも暮らしていけるようになるはずです。低年金でも、プラス生活保護の一部を現物で支給していくような仕組みがつくれるといいと思います。

生活保護基準の切り下げの結果

ただ、現場で見ていて、年金一一～一三万円というギリギリのボーダーライン層が大変だと感じています。これより低いと生活保護を受けられるのが、高いと受けられないという層です。そういう人からは、「医療扶助費だけ出してもらえませんか」「少し大変なので、一部面倒をみてくれませんか」という相談がよせられ、役所と交渉したりしています。この層に対する現場での支援は、「家計管理」ということぐらいしかありません。いっしょに支出を見直して、どうしたら支出を下げていけるのかという家計全体の見直しくらいしかできないのです。

しかし、本来、かつては生活保護には「老齢加算」がありました。それが廃止されなければ、この層の人たちは容易に生活保護の基準に乗っていた人たちです。生活保護基準も三年間で約一〇%下げていて、基準ラインが下方に落ちてきています。かつては高齢者は一四～五万円で生活保護基準に乗ってきたのですが、いまは一二～三万円でもギリギリです。先日の新幹線で自殺事件を起こした人も、行為そのものは決して許されるものではありませんが、かつてなら生活保護基準に容易に乗っていた高齢者である可能性が高いのです。

この間、政権側がやってきたことの結果がはっきりと出てきています。かつてであれば、生活保護の受給世帯だった層、生活保護を受けられ、年金のうえに不足分の二～三万円お金を支給され、税金も免除された人たちが、容易にこの制度から排除されて、「どうしたらいいの?」となってしまった。失政、社会保障制度改革の失敗をしっかりと表しているのです。

■高齢者の貧困の特徴

――そういうなかで高齢者の貧困の特徴は何でしょう。分類的にこういうパターンの人たちがいると例示していただき、なぜ高齢者が貧困化するかを解き明かしていただけますか。

低年金、低貯蓄、人間関係の希薄

先ほども言いましたが、特徴の一つは低年金です。決定的に所得が少ない、収入が低いということです。それも最低生活基準に満たない収入です。本人がどう努力しても、限界がある。社会的な制度で、ある程度の保障をしないといけないのです。これには社会保障制度を入れていくしかありません。

これと合わせて、貯蓄がないという層が多い。これもさきほど、ふれましたが貯蓄がないことや、低年金は、若いころからの貧困と結びついています。低賃金で低年金のもとで、資産形成すること自体がとても難しい。そのうえに、息子さんないし娘さんが大学に通いたいといえば、学費が四年間で四〇〇万円以上かかります。大学も二人行かせたら、二〇〇〇万円くらいになります。ここが軽減されれば、老後の資金をプールしておける。しかし、そのような構造になっていないのです。

住宅について言えば、民間賃貸住宅を借りているとなると、都内だと平均で一〇万円とか一三万円します。住宅を買えば、高い住宅ローンを組まされています。低賃金でも、いっぱいいっぱい住宅ローンを組まされていて、定年後も住宅ローンに悩まされるケースがあります。金がかかり過ぎるのです。その結果、貯蓄が形成できない。海外だと公営住宅がたくさんあります。低賃金でも、家を買わなくても暮らせます。しかも安い。フランスなどにも一万円とか三万円の立派な公営住宅がありますので、本来、住宅政策さえしっかりしていれば日本のようなことはおきません。いまのうちから、住宅などで金がかからずに暮らせるようにしていかない限り、貯蓄のない層の問題は解決しません。日本でも、住宅費負担が半額から三分の一くらいになったら、貯蓄の形成ができる人たちです。しかし、それがない。「貯金しなかった本人が悪い」というよりは、構造上の問題なのだというのが明らかです。

三つ目の特徴としては、人間関係が希薄だということがあげられます。大きく分けると、収入が低い、貯蓄がない、人間関係がないという、三つの「ない」が明らかにあるということです。

貧困生む構造解決の政策的世論形成を

しかし、そうは言っても、年金だけで暮らせる保障はありませんから、老後は年金に頼り過ぎないということが必要になります。そもそも年金制度を創設した当時から、年金に加えて家族の援助やそれまでの貯蓄・資産形成が必要であることは明らかで、国民皆年金を始めるときの議論でもはっきり出されていました。「老後の保障としては制度的に未整備だ」との批判もあるなかで、はじまった制度です。

そのために、家族の支援や近隣住民の支え合いが必要とされる。公営住宅に申し込んでおくとか、安い住宅に住み換えていくなど、老後を見据えた、ある程度個人的レベルの準備が必要とされる。ある程度の貯蓄を形成しておくこともふくめ、努力が強いられる。場合によっては、ＮＰＯなり市民活動でネットワークを組んでおくことや、生活保護制度に対する知識を持っておくなどの自己防衛策をとっておかないといけない。

しかし、そもそも、「誰しもが貧困におちいる可能性のある構造になっているのだから、これをきちんと解決しよう」という政策的な世論形成をしていかないといけないと思います。そうでないと、みんな自己責任化し、貧困は本人の問題だと思って、自分を責めて終わってしまいます。自分を責め、高齢者の自殺も減りません。本当は誰が苦しい状況を生み出しているのかの構造を考えていかなければいけないのです。

■誰でも貧困に陥る可能性

――今言われたように、自己責任ではなく、社会構造の問題だということが核心だと思います。だからこそ、どんな人でも、貧困に陥る可能性があるということですね。

消費財としての住宅や教育

そうです。そのことを解決するためにも、消費財としての住宅や教育はもうやめておこうということです。商品としての生活インフラを見直していこうということなのです。

住宅や教育などの生活インフラを商品化する政策は、日本だと中曽根首相あたりから強まりました。

イギリスではサッチャーさんでしょう。その後、歴史的にも、もうここまできたかというほど新自由主義の波にのまれてきています。本当にそれでいいのでしょうか。住むだとか、学ぶだとか、人間が人間として最低限必要なものは、買うべき商品、消費すべき商品なのでしょうか。もう一度、この点を議論し直す必要があると思います。現実に、圧倒的に「買えない層」「消費できない層」が出現してきているのです。若い層では、高すぎて住宅を買えないし、教育を受けられないというもとで、教育も、居住権も保障されないという現状にあります。これは「戦争に向かう国」のもつ特徴でもあると思いますが、国民のさまざまな権利を保障しないという、国民の願いと逆行する流れが顕著です。

私は、まずこの金がかかり過ぎるということをやめる、そのことに気づいてもらいたいのです。「新自由主義」などと言っても、普通の人にはわかりにくいと思います。そこで、まず「みなさんの生活実態をみて、金がかかり過ぎるでしょう。これって構造的な問題なんですよ。誰かがもうけるためにこの構造ってできているんですよ」ということを、少し明らかにしたいと思っています。

高齢者が貧困に陥る契機

そのことを前提に、少しまた実例の話に戻ります。貧困のきっかけになるのが病気や介護です。病気や介護は誰にでも起こります。必ず亡くなる間際には誰かに介助してもらったり、入院したりします。一生涯のうちで大きな病気をしない人はいません。先進医療が進み、それに対する高額療養費の助成制度などはありますが、療養期間に必要な療養費もかかりますし、差額ベッド代などもあります。

また、介護保険料も当然払わなければなりません。介護保険に入っていても、上限があるものの一割負担があり、それも負担しなければいけません。誰しもがその状態になったときに、年金だけだと足りないことに気づくのです。

そもそも、誰しもが「こんなに金が不足するの？」と感じるようになるのが高齢期です。加齢とともにだんだんと体も動かなくなるし、周りの友だちも亡くなっていき助けてくれる人も減っていく。そのときに頼れるものが年金だけだということになると、かなり脆弱《ぜいじゃく》です。そこで少し前に対策を打っておこうと思っても、個人的レベルでできることだけだと限界があるのです。

熟年離婚も貧困の契機になります。もちろん年収四〇〇万円の方もそうですが、八〇〇万円ていどの収入があった人も、「下流老人」になります。この場合、厚生年金は月二二万円ていどですが、奥さんが専業主婦ですので、離婚すると、年金を半分に分けることになります。すると一一～三万円くらいしか夫の元には残りません。年収八〇〇万円もらっていた人たちが、「離婚」という一つの生活上の変化だけで、「六五歳から一一～三万円で暮らしてね」ということになる。一戸建ての家は維持できないですし、場合によっては住宅ローンを返せないことになります。家賃が高いところに住んでいたら、年金が一二万円では暮らしていけなくなります。

実際に、平均年収が八〇〇万円以上あった金融機関の管理職や大きなデパートの社員など一部上場企業のサラリーマンだったという人たちも、普通に「下流老人」になっていく例がみられるのです。その人たちはプライドが高く、「生活保護なんて」と言います。当然のことながら、高収入で働いている人たちにとっては、生活保護は他人事です。「怠けている人たちがそうなるのだろう」と思っていた人たちです。しかし、それ以外に制度がないのです。

さきほど言ったように、年金の構造は、おじいちゃん、おばあちゃんを息子、娘世代が養うということが前提になっています。その息子、娘世代に、貧困化が広がり、生活が苦しくなってきています。この年金制度自体が容易に崩壊していくということです。しかし、政策は、そのことをそもそも想定しないのです。若者の雇用問題と年金問題は直結しているのです。

私は、九割の人たちが高齢期に「下流」に陥る可能性があると言っているのですが、それは誇張ではありません。年収一〇〇〇万円以上の高額所得者と言われているような一％から一〇％くらいの人たちは別かもしれません。しかし、そういう人たちを外せば九割くらいの人たちが、何かしらのきっかけで貧困、「下流」に至る可能性がある。誰にでも起こりうることなのです。

■どうすればいいのか

――ではどうすればいいのでしょう。

高齢者自身が政治や政策を変える

まず、こうした現状にあるということに気づいてもらいたいのです。政治や政策が、そうした状況をつくりだしているのです。なぜいまの社会がこんなに生きづらくて苦しいのかを考えるときに、自分たちがこれまでやってきた生活がおかしかったのではないかということに気がついてほしい。どれだけ努力して、普通に頑張って暮らしてきても、怠惰でなくても、貧困に陥るということが明らかになってきているのです。まず、見方を変えて、政治や政策を見直してもらいたい。

そして制度や政策を変えるうえでは、高齢者が圧倒的に声も力も大きいわけです。一方で、高齢者は、いちばん豊かさを経験した世代でもあります。バブル経済も高度経済成長も経験し、前人未到の、誰も経験したことがないような豊かな時代を生きてきました。その人たちがいま、貧困率も高く、二〇％を超えています。高齢者自身が、「この問題、ちょっと大変なことなんじゃないの」と気づいて、そのことを提唱していってもらいたい。

現在、高齢期を迎えている団塊の世代の次に団塊ジュニア世代の大きな層が控えています。そこまでにちゃんと社会資本のストックを整えておかないと、この国はほんとうに成り立たなくなります。きちんと老後を見据えた社会保障制度を整備していくためには、とりわけ住宅・教育は緊急の課題です。

若者にとっては、自分たちの老後は現在の高齢者の貧困と重なっています。ところが、高齢者のなかには、高度経済成長やバブルを経験し、経済成長すれば、ある程度は福祉や社会保障の財源も集まり、豊かになるという幻想を抱えている方もいます。「頑張って若者は経済を成長させろ」という「努力論」もはびこっています。しかし、かつてのような高度経済成長は望めず、支出を下げ、経済成長しなくてもみんなが普通に生活できる、持続可能な社会を目指すべきではないかと思います。だから、いまのうちから高齢者の人たちには、政府に働きかけてもらいたい、政治政策を変えていってもらいたいということなのです。私はいま三三歳ですが、そういう若い私たち世代からの高齢者へのメッセージでもあるのです。

普通の先進国になる

どこの先進諸国でも、住宅費と教育費、医療・介護は、社会全体である程度先行投資をし、低賃金・低年金でも暮らせるような制度をつくっています。さらにそのうえに、少ないながらも年金と社会保障を充実させていく。そういった安心・安全な社会をつくるということで、合意形成がされています。日本でも、みんなが高齢者の貧困＝「下流老人」の問題に気づいてもらって、自分たちの社会はどうしていったらいいのかに気づいてもらえるといいと思います。

その意味で、普通の先進諸国に早くなってほしいと思います。先進諸国の福祉制度、社会保障制度に転換してもらいたいというのが、もう一つの私のメッセージです。低年金でも、一二万円から一五万円でも暮らしていけるようなビジョンを早急に示してもらいたいのです。

新幹線で火災事件を起こした人も、もし、先進諸国なみの社会保障であればこうにはならなかったかもしれない。公営住宅、社会住宅が整備されている国で、無料なり一万円くらいの負担しか求められず、さらにプラス・アルファで、医療や介護、税金の減免制度があれば、一二万円の年金で暮らせないわけがないのです。

私たちのところに相談に来る人からも、「普通に年金を払ってきたのに」という言葉が共通して聞かれます。普通の暮らしをしてきた人たちが、こうした状況に直面してしまうのです。普通に暮らせるような社会保障制度にしなければいけません。それは、国、政策側の責任です。国民一人ひとりの責任ではないと思います。

とくに、住宅政策に力をいれる必要があると思います。私たちが生活相談を受けたとき「低年金では一番何に困りますか」と聞くのですが、「家賃」との答えが返ってきます。どんなに安くても五～六万円の家賃を払っています。生活費は四万円、五万円という人が多い。もし家賃が一万円だったら、十分に暮らしていけます。一万円から三万円の家賃だったら暮らせる層の大量の需要があります。住宅にかかわって支出を下げる政策が求められています。たとえば現在も空き家がたくさんありますから、みなしで公営住宅や社会住宅に転用するという政策は海外でもおこなわれています。多額のお金をかけなくてできる方策はいろいろあるのです。一万円から三万円の家賃の住宅は市場にはのりません。非市場的なものは、国がやるほかありません。そうでないと低年金で暮らせない層が出てくるのは当たり前なのです。海外だと一万円から三万円で暮らせるような社会住宅、公営住宅が全住宅のうちの二〇％くらいあります。日本は三％から四％で、手に負えない状態です。

くわえて光熱水費や消費税です。まず税金を取るべきところから取るべきで、そのうえで消費税は国民的な議論をおこなうべきだと思います。最近、「地方創生」ということが言われます。そのもとで高齢者は地方に移り住めという暴論まで出されています。しかし、地方に十分な介護のインフラが整備されているかというと、そうとも言えません。病院が近くにあるのでしょうか。そもそも車がないと生活していけません。生活スタイル自体が都会とは違います。そこにすぐに適応できるでしょうか。しかも、適応するには金がかかります。地方に移って、生活が可能だとは簡単に言えないはずです。

新自由主義の路線をとり、グローバル化を進めていくというのであれば、低賃金層が増大するのは必須です。国内の労働者に疲弊を押しつけることになるのです。それでも、そういった弱肉強食社会を選ぶのであれば、社会保障の整備は対であるべきです。社会保障制度を削りながらグローバル化を進めていくというのはきわめてナンセンスです。これを進めていく限り、国内に、将来暮らしていくことができない層を膨大に生み出すという爆弾を抱えていることになるのです。

■やるべきことはもう明らか

――本の反響で特徴的なことがあればお教えください。

『下流老人』は予想以上の大きい反響がありました。高齢者の貧困への関心の高まりを感じます。全世代からの反響は大きく、若い層からは「知っていたけれど、改めて怖い」と、うすうす気づいていたという感想です。本でも、若い世代は「消費を抑制する」ということを書いていますが、この問題の対策がちゃんと打たれ、安心した老後を示せないと、若い層は、家も買わないし、車も買わない、みんな貯金に回すようになります。すると消費が回らなくなり、経済活動も衰退してしまいます。反響はそのとおりで、「消費なんてしている場合じゃない」ということとともに、「結婚もできないし、子育てなんか無理だ」というものもありました。高額の教育費や子育ての費用のことを考えると子どもも産めないというような感想も多いです。住宅ローンを払っているけれど、返せるだろうかという不安もよせられました。

現役の四〇代、年金をもうすぐもらう五〇代という人たちからは、「もう少し早くこの本に出合っていればよかった」「老後を暮らすために、急いで支出を下げる取り組みをしなければならない」という感想です。「高齢期になったら家族や身内を大事にしようと思った」というものもありました。年金だけでは暮らせないから、いろいろな人たちのお世話になりながら生きていくしかない。そのためにも、人間関係の貧困も解消していかなければならないということだと思います。みんなに囲まれて、幸せに、地域活動をやったり、ボランティアに参加し、そのなかである程度少しはお金をもらいながら、社会活動をやっている高齢者もいます。地域のなかで生き生きと暮らしていけるようなビジョンを示せるようなところに、自身の身を置きましょうというのが、私の一つ提案です。

いろいろな層からすごく反響があります。本を買う世代は五〇代が中心だと思います。政治や政策についても、この五〇代から七〇代、八〇代の人たちが強い影響力を持っていますから、この層に対して、この問題は大事な問題なのだと伝わるように書いたのですが、意外と三〇代、四〇代からの反響が大きく、驚きです。非正規雇用の広がりなどと直結した問題だという、現実的なリアルな問題として提起したことが、受けとめられたのだと思います。

とくにこれまで、子どもの貧困や若者世代の貧困に注目が集まってきましたが、意外と盲点だったのが高齢者の貧困です。統計上、高齢者の貧困が増大しているのは明らかだったのですが、その実態についてはあまり関心がはらわれなかったのです。昨年（二〇一四年）のＮＨＫの「老後破産」あたりからテレビでもだいぶ取り扱い始めていて、今年も何本か大きなメディアが取り上げています。そこには、やはり深刻な実態が反映していると思います。

しかし、みんな気づいているのです。怖くて見たくなかったり、現実に向き合いたくない問題でも、いつかは向き合わなければならない問題です。実際に、「恐る恐るいま買いました」「やっぱり読みたくないので、買ったけれども手をつけられていません」という反響もよせられています。そういう人たちの声も大きい。そして、もちろん、あまりにも過激な内容なので、「現実的には恐怖を煽《あお》るようなものだ」という批判もよせられています。「パンドラの箱を開けてくれるな」「見たくないようなつらい現実を、あえていま曝《さら》す必要があるのか」「突破口がないじゃないか」「それを明らかにして何の意味があるのだ」などという批判もあります。私は、その批判は、あまんじて受けようと思います。

しかし、私が書いている内容は、現実です。私の現実体験から書いていますからリアルなのだと思います。嘘《うそ》偽りのない、ルポルタージュ的に書いていますので、インパクトがあるのでしょう。何か社会提言をしたとき、いちばん怖いのは、響かないことです。読んで、批判をいただければ、そこから、議論もはじまります。多様な側面から見ていただけるといいと思います。

「誰もがお金がかからないで暮らしていくことがいいですよね」と聞けば、誰もが、「いい」と答えるに決まっています。しかし、一生懸命、収入が低いからどうやって上げようかみたいなことばかりに関心が向いています。もし、こういった問題をファイナンシャルプランナーや税理士に相談したら、当たり前なのですが、必ず最初に、収入を上げることと支出を下げることが対の問題として話がされるはずです。家計収入を増やすということには限界があります。働くこと以外に、年金プラス・アルファを得られるものはありません。そこで、その対になっている「支出を下げる」ことをやらない限り、高齢者の貧困問題はなくすことはできないのです。やるべきことはもう明らかだと思います。いっしょにやるべきことをやっていこうということをどうしても訴えたいのです。

5　子どもの貧困を考えるうえで大切なこと

松本伊智朗

■いま、なぜ「子どもの貧困」か

――「子どもの貧困」が、大きな社会的注目をあび、一昨年（二〇一三年）には子どもの貧困対策法なども制定されています。いま、なぜ、子どもの貧困なのか、についてお話しください。

不利を負っている子どもに対する社会的関心

「子どもの貧困」ということが、社会的な関心を集め、政策的な課題になってきたというのが、二〇〇七〜〇八年ころから数年間での変化だったと思います。そこで、その後、実際に何が変化し、何が変わらないのかから考えてみたいと思います。

まず大きな変化は、「子どもの貧困」を切り口に、不利を負っている子どもに対する社会的関心・注目が集まり、いろいろなところで議論されるようになったことです。これは、大きな変化です。一〇年前を考えると、教育運動の場などでも、ほとんど話題にもなることがありませんでした。そもそも貧困というものは、すぐに解決策が出てくるというよりも、論争的な問題です。何をもって貧困というのか、原因は何か、誰にとってなぜ問題なのか、とられるべき対策は何かなど、貧困対策の歴史は論争の歴史です（あとで、いまの論争点が何かはお話ししたいと思います）。まず、話題になり、みんなが議論することが大事なのです。ただ、論争ができるようになってきたことと事態がいい方向に進むことは別の話です。

そこで、子どもの貧困をめぐって、いま事態がどんなふうに進行しているかを、考えてみたいと思います。

子どもの貧困は、貧困問題そのものがベースにあります。社会全体の貧困や格差、不平等がどのように推移しているのかを確認することが大事です。すると、この一〇年くらい、格差が縮小しているというより、むしろ拡大してきている状態にあることが大事なポイントです。所得データのみを使って一定の所得水準以下ということで測定される「相対的貧困率」も、全体的にみても、「子ども」というところでみても、上昇していることが大きな特徴になっています（図7）。問題は緩和されているというよりは拡大し、深刻化している方向に一貫してあるのです。まず、この点を押さえたいと思います。

図7　相対的貧困率の推移

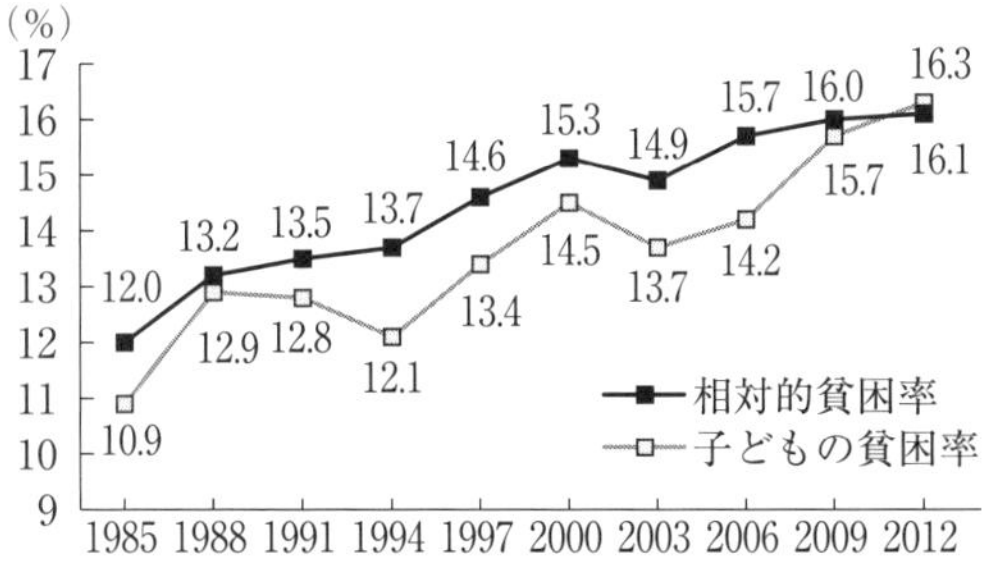

出所）厚生労働省（2011、2014）「平成22年、平成25年 国民生活基礎調査 結果の概要」。

社会保障の後退と保育・教育の市場化

同時に、生活を支える社会保障が後退している、切り下げられてきている点も、この間一貫している点だと思います。雇用が不安定になり、賃金の格差が広がっていると同時に、年金、医療など、ほかの所得保障の手だてが後退してきているのです。生活保護へのバッシングが強くなったり、保護基準が切り下げられたという点も含め、全体として社会保障制度が後退してきています。格差が拡大してきていることと、社会保障制度が後退してきていることを合わせて考えると、生活そのものの大変さを感じている世帯、貧困の状態にある世帯が増えているとみるのが妥当です。これが一般的な状況だと思います。

ではそれが、子どもの領域ではどうなってきているでしょうか。私は、前述の動向に加えて保育や教育が市場に組み込まれてきている度合いが大きくなっていることが大きな問題になってきていると感じています。社会保障の後退とセットで、保育や教育が市場に組み込まれ、お金がかかるようになってきたというのが、この一〇年くらいで進行したことです。

保育や教育が市場に組み込まれれば組み込まれるほど、つまり子育てにお金がかかるようになればなるほど、家族の生活基盤の格差が子どもの生活や状態に跳ね返りやすくなります。一般的に格差が拡大しているなかでも、子育て・教育の領域で市場化をくいとめることができるようになっていれば、格差が拡大していても子どもの不利に跳ね返ることをある程度防ぐことができます。しかし、現実には、むしろ家族の格差が子どもの格差に跳ね返りやすい仕組みになってきていると言えます。格差一般が拡大しているだけでなく、格差が子どもに跳ね返りやすい仕組みが強化されているのです。

子どもに跳ね返りやすい仕組みが強化され、その矛盾が多くの人の前に明らかになってきているからこそ、「子どもの貧困」という言葉によりどころを求めて議論する人も広がっているのだろうと思います。「子どもの貧困」という言葉が、これだけ広くいろいろな層の人に広がってきているのは、それだけ子どもの状態が深刻になっていると感じる人がふえていることの現れだとみることができます。

議論になること自体は大事ですし、それが出発点だと思いますが、むしろ状態が悪化している、構造が変化していなくて、むしろ強化されているからこそ、問題が焦点化されてきている。そのこと自体が議論されるべきことだととらえるべきだろうと考えます。

加えてもう一点、ここであえて指摘しておきたいのは、若者の雇用や生活が大変脆《もろ》くなってきていることです。二〇歳～二四歳の失業率は二〇〇〇年代に入って一貫して、七～九％台にあり（全体は三～五％台）、若干低下した一三年でも七％です。非正規雇用の比率も増大しています。若者がおとなになるプロセスが大変厳しくなっていることを多くの人が実感しています。子どもが何年かたって若者になっていくときの、その〝子ども時代の出口〟が大変苦しいことが予想されること自体が、「親が頑張らなきゃ」「自分が頑張らなきゃ」という態度を強化させるのです。そのことで、よけいに子どもの状態が悪化するメカニズムが強化される。

このように「子どもの貧困」への関心が高まり、議論になっていることは評価できるが、むしろ「子どもの貧困」が生み出される仕組み・構造は強化されている、その両面をしっかり押さえておくことが大事だというのが一点目です。

■子どもの貧困対策の施策をどう見るか

――子どもの貧困問題を考えるうえでも、社会がどのように貧困ということをとらえてきたのかということが大事だと思います。そのうえで、一連の子どもの貧困対策の施策をどう見るかもふくめて、お話しください。

子どもの貧困対策法の問題点

では、どのように「貧困」をとらえたらいいか、そのうえで、一昨年（二〇一三年）制定された子どもの貧困対策法や、昨年とりまとめられた子どもの貧困対策に関する大綱という一連の施策的な動きをどう評価するかです。

法律ができたということは、政策的な課題にすることの宣言ですので、私もまずは歓迎したいと考えています。ただ、私がきちんと論点にしなければいけないと思っているのは、対策法の成立が生活保護法の改悪、生活保護基準の切り下げとほぼ同時期にセットで行われたことをどうみるかです。好意的にみれば、生活保護が切り下げられていく情勢のなかで、せめて子どものところだけは確保しようということだと理解することもできるかもしれません。しかし、政治的な取引があったのかもしれません。慎重にみないといけないと思います。

いずれにしても、私は、子どもの貧困対策法の一番の問題点は、問題を狭くとらえ、矮小《わいしょう》化するようにはたらきかねないことにあると思います。子どもの貧困は、貧困の一部で、子どもの貧困という何か「特別な」「新しい」貧困があるわけではありません。子どもの貧困に注目するのは、子どもを切り口に、貧困問題全体を考えてみることが大事だということだと思います。ところが、対策法は、「貧困の連鎖を断つ」ことは強調されても、「貧困をなくす」とは言いません。貧困とは、個人・家族が社会生活を営むために必要な資源（お金や制度、支えあう関係）の不足・欠如で、この不足・欠如が生きていくうえでの不利や困難を生み、結果として貧困という状況がより深刻になります。ところが、そもそも、いまある貧困を緩和することが法律の正面には出てこないのです。

注意しなければいけないのは、貧困の世代的再生産、あるいは貧困の連鎖を問題にすることには、むしろ「親がだらしがない」「親の育て方が悪い」と「家族そのものに原因がある」という個人主義的・家族主義的な貧困の理解に陥りやすい危険があることです。英米の研究史をみても、貧困の世代的な連鎖、貧困の世代的な循環を問題にする立論はむしろ保守層から出てきています。イギリスであれば保守党政権の側からです。労働党のブレーンたちは、むしろ貧困そのものを問題にします。家族のなかの貧困の連鎖という議論は社会の構造より家族の問題だとなりがちです。「貧困の連鎖」を問題にするときには、つねに広く社会の仕組みのなかにおいていく、問題を狭いことにしないことが必要なのです。

たしかに実践というのは、狭いところでまず勝負します。実践的な課題を考えるときには、世の中の不平等だけを語っていても実践はできません。しかし、だからこそ、実践的な課題を考えるときには、問題の理解を矮小化しないことを強く意識しないといけないと思います。そうみたときに、対策法には、むしろそういう危惧を感じざるをえないコンテクストがあります。たしかに政治的な文脈で言えば、問題を広い文脈においてみることがないからこそ、超党派で合意できたのかもしれません。そして、合意できたことは評価しないといけないと思います。しかし、その危うさ、弱点を知っておかないとまずいと思います。

子どもの貧困は特別な貧困というよりは、貧困の一側面なのだということ、貧困そのものをつねに問題にしていく態度が、私たちには必要です。対策法にはその観点が薄いということを、繰り返して言うことが大事だということが一つです。

求められているのは学習支援だけではない

問題が矮小化されるので、とられる対策も「学習支援」が中心になります。個々の子どもの勉強が支えられることで、教育的不利が緩和されるようなとりくみがあることの重要性を、私はまったく否定するつもりはありませんし、むしろ大事だと思っています。しかし、それは同時に、個人の頑張りに期待することになり、「勉強ができないのは子どもが悪い」という子どもの責任論に転化する危険性があることも押さえておく必要があります。

そして、求められているのは、学習支援だけではないといい続ける必要があると思います。貧困は、経済的不利・経済的資源のなさが大きな問題です。子どもの貧困対策法ができて、勉強を教えますといっても、それだけでは子どもの学習促進法になるわけです。所得あるいは資源の再分配という観点がない貧困対策を、貧困対策と言うのかが問われなければなりません。

また、対策法はどちらかといえば文科省主導でつくられたという経緯があります。そのため、貧困対策という政策パッケージとしてみたとき、就学前の問題が抜けがちということと、所得保障の観点が後ろに退きがちだという二つの問題があると私は思っています。「子どもの」というときに、子どもの将来、たとえば学業成績に注目するにしても、そのためには就学前の安定的な養育環境が大事だということは、子どもに関する研究で、洋の東西を問わず示されています。保育や母子保健の施策をどう充実させていくのかが、子どもの貧困対策の一番ベースラインにあるはずなのです。ところが、そちらの問題にはふみこまないで、むしろ結果として生じた学業成績の低さや教育達成のパフォーマンスの悪さを、学習支援で補うことになっているのです。

これは政治的な立場を超えて、効果的と言えるのかどうか議論すべき問題です。私は、むしろ子どもが小さいときに、保育制度や母子保健の施策を充実させて、子どもの保育と家族での養育の基盤を強化するためにお金を使うことをもっと重視すべきだと思います。そこに手をつけずに貧困対策だというのは何なのでしょうか。

重要な自治体レベルの取り組み

もちろん大綱には、項目としては、さまざまなことが書いてあるので、その項目を生かす形で「これも大事です」と自治体に対して要求していくことはとっても大切です。自治体として、どのようなことに取り組めるかを議論しているところがいくつか出始めています。自治体レベルでいまの自治体の子ども施策や福祉施策、教育施策を、もう一度貧困という観点から見直してみようという動きが出てきはじめたことは、大きな変化です。自治体にかかわる地方公務員、地方議員が、この問題をどうとらえるのかが大きな意味をもちます。一方で、住民にも関心をもつ層が増えてきて、草の根の取り組みがいくつか出てきていますので、それが自治体の施策にどう跳ね返っていき、どう住民と自治体が共同していけるのかも大きなポイントだと思います。

自治体間には格差があり、自治体の手持ち資源がないところも多くあり、できることは限られています。そうしたなかで自治体が全体として、不利を負っている子どもをきちんとカバーする施策をとろうという動きが大きな動きになれば、それはたいへん意味のあることだと思います。

いずれにしても、貧困に対するこれらの施策の評価はアンビバレント、両面的にならざるを得ません。それは当たり前のことで、貧困ということ自体が論争的な問題なのです。そうした論争的なことを含みながら少しずつ前進していくものだと私は考えています。

■子どもの貧困を考えるうえでの論点

――子どもの貧困を考えるときに、注意しておかなければいけない論点、重要な論点という点ではいかがでしょうか。

子どもの貧困は特別な貧困か

ぜひ深めておきたい論点として、くり返しになりますが、まず、子どもの貧困という特別な貧困があるわけではないということを指摘したいと思います。問題は、格差・貧困そのものです。子どもに関する政策や実践が、子どもの不利をどう軽減できるのか、問題を広く貧困とみたときに、貧困が子どもの不利につながるようなことをどうくいとめることができるのかが大事です。そういう意味で「子どもの貧困」という言葉を使うことは大事だと思います。

「子どもの貧困」という言葉は、貧困に取り組むときの視点や政策の広がり、施策を少し広げてみる言葉だと思っています。それが問題を矮小化する言葉になるのか、問題を理解し政策を考えるときの広がりを考える言葉になるのか、きちんと議論することが必要なのです。

なぜなら、貧困は子どもだけではなく、高齢者の貧困、女性の貧困、障害者の貧困などもあるわけです。貧困には何種類もあり、どちらの貧困がより大事かといった議論になってしまうと、問題が分断されて、それぞれにかかわっている人が対立させられることになりかねないのです。対立と分断をつくり出すことは、為政者の基本戦略です。同じ貧困問題として、どう広げて考えるのかと考えないと、いずれ運動側、取り組みの側が分断されることになってしまうと思います。

そういう点で、子どもの貧困対策の一連の施策が生活保護の切り下げと同時におこなわれたことを考える必要があります。保護受給世帯のうち、この切り下げによってもっとも打撃を受けるのは、子どもを養育している世帯です。また、基準切り下げと連動して就学援助などの基準の切り下げもすすみ、少なくない子どもが制度から排除される事態も生じました。子どもの貧困をめぐって、こうした現在の政策のねじれに、問題を広く見て向き合っていく必要があるのです。

親を責める言葉になっていないか

もう一つ、これもくり返しになりますが、子どもの貧困や子どもの虐待もそうですが、子どものことを語るとき、子どもが不利な目に遭っているということの強調が、ともすれば親責任の強化につながりかねない面があるという点です。しかも、家族の格差が子どもの格差につながりやすい構造が強化されています。子どものことは親が全部やるのが当たり前となっていればいるほど、親の経済状況が直接子どもの状況に関係するのは当たり前です。その結果、「子どもの貧困」は、親を責める言葉として使われる危険性があるのです。

そうではなく、「子どもの貧困」という言葉を使うのであれば、親世代の格差が子ども世代に跳ね返らないために、みんなで子育てにかかわり、費用調達も含めて社会全体の問題なのだとしないと、家族責任が強化されてしまいます。「子どもにかけるお金は、世の中全体で負担しようではないか」と考えるべきなのです。そうすることによって、親世代の格差が子ども世代に跳ね返るような仕組みを緩和していくことができます。そうでなければ、子どもの貧困対策が進めば進むほど、お金のない親が気持ち的に追い詰められ、苦しくなることになりかねないのです。

超党派での合意は、むしろそういう矛盾をはらむものかも知れません。しかし、子どもの貧困を解決するということには合意しているのです。社会全体で、親を追い込まない子どもの貧困対策はできると思います。そのためにも、子どものことは社会みんなで考えよう、お金も社会みんなで出し合おうという観点が含まれていないと、子どもの貧困という言葉はかえって危険だということに、きちんと敏感であることが必要だと思います。

標準家族モデルを乗り越える

三点目に、いまのこととかかわって、親責任というのは、多くの場合、家族の責任というだけではなく、とりわけ母親に負担が集中するということです。ひとり親になったとき、母親に、稼ぎ手でもあり「世話をする人」でもあるという、二重の負担が集中しますので、不利を抱えやすいことはいろいろな人が指摘している通りです。「子どもの貧困」という言葉は、ここでも、親責任が強化されていると、「離婚したのが悪い」という話になってしまい、親を責める言葉になってしまいます（なおここでは母子家庭について論じていますが、父子家庭の困難についても、しっかりした議論が必要なのは言うまでもありません）。

そこで問題なのが、いまの日本の社会、日本の社会保障制度が前提にしている家族の標準形＝家族の規範です。父親がいて、母親がいて、子どもがいる。父親が主な稼ぎ手で、母親が家族のなかの子どもの養育を含めたケア労働を担当する——これで一つの家族が成立しているというものです。そこには性別にもとづいた役割分業がある。こういう家族をモデルにして社会制度、社会保障制度が考えられていることが多いわけですが、ここをどう変えていけるかが問われています。

このような標準家族モデルだと、離婚すると母親の方に負担がいくのは普通です。死別でも同様です。ひとり親になったときに、稼ぎ手がいなくなる、あるいは「世話をする人」が稼ぎ手にならなくてはいけないからです。それだけではなく、ひとり親にならなくても、夫婦のどちらかが失業したり病気になると、父親だけが稼ぎ手だったなら稼ぎ手がいなくなるか、ケアを担当する人がケアができなくなるということになります。そういう家族は大変脆いわけです。

もちろん個別の家族にはいろいろな形があってよいのは前提です。しかし、考え方としては、父親も稼ぎ手であると同時にケアもできる、母親も稼ぎ手であると同時にケアもできるといった具合に、家族のなかのジェンダー平等をおしすすめていくことが、むしろ家族のあり方だと考えた方が、病気や離別・死亡ということに対して強いのです。一般的に、ひとり親になるのは弱い家族で、お父さんがきちんと稼いできて、お母さんが母親役割を果たしているのが強い家族と思われがちなのですが、逆にそちらの方が弱い家族で、ジェンダー平等をきちんと意識していくような社会の家族の方が、むしろいろいろなアクシデントに強い家族なのです。

ただそこには前提があります。子どもの費用は全部親が稼ぐことになると大変なので、子どもの費用については、その多くを、むしろ世の中みんなで考えましょうというものです。するとおとなは、自分の食いぶちプラスアルファを稼げばいいことになります。子どものことはみんなで出そうとなっていると、大変強い家族ができるのです。このように家族を単位に性別役割分業を基礎にして子育てを考えるよりも、ジェンダー平等を基本にして、子どものことはみんなで責任を分かち合う構想をもった方が、強い家族ができます。ジェンダー平等を推進していく、子育てが社会化されていく社会をめざすのが、子どもの貧困に対して抵抗力のある社会だと思います。

なぜ、このようなことをわざわざ言うのか。それは、家族責任が強化され、家族がバラバラにされていく方向に社会があるときには、「子どもの貧困」という言葉は、そういうことをむしろ強化していく方向に使われかねないからです。そういう意味でも、「子どもの貧困」は論争的な言葉です。だから、私たちは、どういう社会をめざすのかということを根っこにおいて、この言葉を考える必要があるのです。

実は、この点は、これまであまり議論されてこなかったことだと思います。これだけ「子どもの貧困」という言葉が一般的に使われるようになってきたからこそ、議論できるようになってきたのだと思います。そのなかで、さまざまな取り組みは進むわけですから、その取り組みを大きな方向のなかに位置づけてみて、大きく外れていなければみんなで大いに評価し合う。そうしてこそ、「子どもの貧困」についての取り組みは広がっていくのだと思います。

■子どもの貧困と学校教育

――学校をプラットホーム（窓口）にした対策ということが言われます。子どもの貧困対策と学校教育について、お感じになっていることをお話しください。

学校のもつ普遍性

最後に子どもの貧困対策の大綱のなかで「学校プラットホーム」という言葉が使われていますので、この点についてお話ししたいと思います。

学校というのは、日本の子ども施策のなかで最も定着し、最も普遍的なものです。子どもの貧困対策、子ども施策のなかに、学校がきちんと位置づけられていることは大事なことだと思いますし、それがなければ不自然です。

一方、貧困対策は歴史的にみると個別対策から始まっています。つまり、誰が貧困者であるかという、救済されるべき人をみつけだして救済するという、選別的な救済施策からはじまったということがあります。誰が救済されるべき人かということではつねに大きな論争があり、救済された人はむしろ恥ずかしい思いをする。スティグマ（恥の烙印《らくいん》）をともなうものです。

だからこそ、選別性の強い貧困対策を残しつつ、全体としては、社会全体を対象にするような年金や健康保険など普遍性の強い対策で予防的な策をとるというふうにシフトしていっているのがこの一〇〇年くらいの社会保障の歴史だったと思います。これはとても大事なことです。選別性の強い施策が中心施策になると、必ず間違います。社会全体の人が安心して暮らせるようにという普遍的な施策が中心になって、それだけでは補えないところを個別的な選別的な施策が対応するということが、制度設計の基本的な考え方であるはずで、それは子どもの貧困対策でも同じなのです。

この点では、たとえば「子ども手当」は評価できる施策だと思います。これは子どもの養育費をどうするかということです。しかし、子どもが通う場としていちばん普遍的な制度は学校、とくに公立の小中学校です。学校に通うことにスティグマは伴いませんから、その学校が反貧困の機能をもつと、そのこと自体に大きな意義があるのです。

学校に貧困対策の機能をもたせていく際に考えなければいけない問題は、おそらく大きくいって二つです。その一つが、家庭的な不利をもっている子どもや、経済的な不利をもっていたり、家族基盤が脆弱《ぜいじゃく》な子どもが、いまの学校で不利を負いやすい構造になっていないかという点での検証です。たとえば、学校で費用がかかるというのでは、お金がない家の子どもの方が学校で嫌な思いをすることになります。すると、まず学校として取り組むべきは、お金がない子どもも不利にならない仕組みになっているかどうかを検証し、施策としてこの点を緩和・改善していくことを基本にしなければなりません。

学校が地域づくりの拠点に

そのうえにたって、学校を子どもの貧困対策の「プラットホームに」と言うとき、大事なことは、学校にすべてのとりくみを押し込めるのではなく、学校が地域づくりの拠点の一つになるような、学校が開かれていくような方向でプラットホームにしていくことだと思います。学校だけで貧困が解決できるわけがありません。学校だけで子どもが負っている不利が緩和できるわけがないとまず考えるべきです。しかし、そのうえで学校ができる大事な役割があるのです。

家でしんどい思いをしている子どもも、学校に来たら楽しいと思える学校を、どうつくるかという観点にまず立つことが大事だと思います。そのときに、先ほど言ったように、まず学校が、子どもの傷口に塩を塗り込むようなことになっていないかを検証することが大事です。そして、「学校に来たら楽しい！」という学校をつくるために、学校の先生以外の人がどう協力できるかを考えるのが重要だと思います。

学校に行くこと自体、子どもにとって大事な価値があることです。その場に、その地域のいろいろな人がどのように参加できるのかです。子どもは地域で生きています。その地域で生活していけるような拠点に学校がなっていくという大きな方向がないと、学校にすべてが押し込められることになります。すると今度は地域から貧困がみえなくなってしまいます。今度は、学校だけが責められることになり、かえって学校がしんどくなると思います。こうした視点は、現在の学校の多忙な状況から見ても大事だと思います。

これは、子どもの貧困対策というよりも、むしろこれまで、ずっと「学校と地域」と言われてきたことをもう一度考え直していくことにほかなりません。そのなかで貧困の問題を考えていく。教育分野では、「学校と地域」ということについては、一定の議論の蓄積があります。その蓄積を大事にしながら、貧困の問題をそこに位置づけるということが大事だと思います。そういう普遍的な議論のフレームワークがあるなかで、たとえばソーシャルワーカーの配置など、モノや人の配置についての議論がなされるべきで、それ抜きにスクールソーシャルワーカーをつけさえすれば貧困が解決できるなどという議論では、今度はスクールソーシャルワーカーがしんどくなってしまいます。

もちろん、この議論は始まったばかりです。教育なり学校が、子どもの不利を緩和するのにどう役立つのかという議論は大事だと思いますが、私たちにはそのことについて経験がまだ十分にはありません。言葉がバッと広がったので、いろいろ知っているように錯覚しがちなのですが、私たちには経験もないし、議論の蓄積もない。まだよくわかっていないのです。だからいろいろ取り組んでみる。だけど大きな方向を外すともっていかれると考えるべきだと思っています。きちんと議論して、いろいろな試みをしていくことしかないのです。しかし、子どものことについて考えてきた歴史もあるし、学校と地域、学校のことについて考えてきた経験はあります。地域づくりと学校といった議論の蓄積もあり、実践の蓄積もあるものをベースにしていかないと、間違うのではないでしょうか。

6　子どもの貧困と学習支援

——その意義と限界——

川口洋誉

今日、経済的困難を抱えた子どもを対象とした無償の学習支援事業の実施が広がり、子ども食堂や衣料支援などとも連携するような新たな展開を見せています。子どもの貧困対策推進法（二〇一三年成立）にもとづく「子供の貧困対策大綱」（二〇一四年閣議決定）では、その重点施策の一つ目に「教育の支援」を掲げ、厚生労働省や文部科学省がそれぞれ所管する学習支援の実施・充実を求めています。厚生労働省の調査（「生活困窮者自立支援制度の事業実施状況について」、二〇一五年）によれば、生活困窮者自立支援法の施行時点（二〇一五年四月）で、同法による生活困窮世帯等の子どもの学習支援事業の実施率は三三％（三〇〇自治体／全九〇一福祉事務所設置自治体）となっています。

筆者は、学生の協力を得て、二〇一五年四月から愛知県瀬戸市において生活困窮世帯の子どもたちへの学習支援を実施する「学習教室ピース」を立ち上げました。「ピース」という愛称には「子ども一人ひとり（piece）を大事な存在であると認めながら、子どもが安心（peace）して学び、自分らしく居られる場をつくろう」という学生たちの願いが込められています。この取り組みは生活困窮者自立支援法にもとづく同市の任意事業であり、愛知工業大学が委託を受けて実施されています。

学習支援事業の広がりの一方で、学習支援がそれを必要としている子どもたちに届いているのかという不安もあります。そこで本稿では、同市での経験と学習支援の意義を踏まえ、学習支援の受け入れ要件や対象者の把握、実施にかかわる自治体間格差などの観点からその制度設計・運用上の課題を明らかにしようと思います。加えて、生存権・学習権の保障責任の観点から学習支援の限界についても向き合ってみたいと思います。

■子どもの学びや発達を支える学習支援

「正解！　よくできたねっ」。中学三年の生徒が一次関数の問題に正解すると、大学生のサポーターはそう言ってノートに大きく丸をつけます。にぎやかな一室にシュ―ッと丸をつける音が響き、生徒は照れ笑いを浮かべています。学習教室ピースのワンシーンです。

平日の夕方、とある公共施設の一室に、学校を終えた子どもたちがやって来ます。大学生のサポーターが手招きして呼び寄せると、さっそく学校の宿題や受験準備の教材を開いて学習にとりかかる子どももいれば、学校や家庭での出来事をサポーターに話し始める子どももいます。途中のおやつ休憩をはさんで二時間、子どもたちはそれぞれの学習にとりくみ、サポーターがそれを温かく見守ります。サポーターは、小さな成長を見逃さないように子どもたちと丁寧に向き合い、できるようになったことその努力に対して労いの言葉をかけます。成長や努力を認められることは子どもにとって大きな自信になり、次のステップに挑戦する糧となります。

日本の子どもたちは学びの意味や楽しさを実感できないまま、国際的に見ても異常な競争的・管理的環境に置かれています。その上、教育条件整備（教育への公費支出）が不十分であるため、子どもの学力獲得は家庭の経済力に依存せざるを得ず、経済的困難を抱える子どもたちの学力や学習意欲は低くなる傾向にあります。そこで学習支援では、サポーターが高校進学等を見据えながら子どもの学びの歩幅に合わせた学習指導を行います。そのさい、ただ受験指導をするのではなく、子どもにとっての「居場所」となることを心掛けています。「居場所」とは何か議論になることがありますが、筆者は競争的・管理的環境から離れて子どもたちが自分らしく居られる関係性や場であると考えています。ピースでは子どもたちは学生サポーターに気兼ねなく「わからない、教えて」と疑問をぶつけ、学生サポーターたちもそうした信頼関係をつくろうとしています。

■学習支援が「生活困窮世帯の子ども」に届いているのか

生活困窮者自立支援法による学習支援では生活困窮世帯の子どもに加え、生活保護受給世帯の子どもも受け入れることができます。ところが実際には、生活困窮世帯の子どもの受け入れが進んでいません。冒頭の厚生労働省調査によると、学習支援を実施している自治体のうち、生活保護受給世帯を受け入れ対象としている自治体は九割を超えていますが、就学援助利用世帯は四割、ひとり親世帯と市町村民税非課税世帯はそれぞれ三割と低くなります（実際の受け入れ状況については不明）。生活保護受給世帯の子どもたちの受け入れが優先されることはその経済的困難の程度から理に適っていますが、困難を抱えるほかの子どもたちの支援の機会が制限されていることは支援者として大変もどかしく感じるところです。

生活困窮者自立支援法は、「生活困窮者」を「現に経済的に困窮し、最低限度の生活を維持することができなくなるおそれのある者」（第二条）と定義し、彼らに早期の支援を行い、自立を促すことを目的としています。同法による支援には福祉事務所設置自治体（主に市・特別区、都道府県）の必須事業と任意事業があり、前者には自立相談支援事業・住居確保給付金支給があり、後者には子どもの学習支援事業や就労準備支援事業などがあります。自立相談支援事業を窓口（自治体職員や委託された社会福祉協議会やNPO法人などが担当）にして生活困窮者・世帯を発見・把握して、個別の自立支援計画を立て、学習支援などの必要な支援につなごうというのが同制度の設計です。現に「最低限度の生活を維持」できない状況にある者（生活保護法の対象者）は原則、制度対象外となっていますが、学習支援事業については、「将来最低限度の生活を維持できなくなるおそれがあること」から生活保護受給世帯の子どもの受け入れが可能となっています（厚生労働省「新たな生活困窮者自立支援制度に関する質疑応答集」、二〇一五年）。

同法の趣旨に反して、学習支援に生活困窮世帯の子どもの受け入れが進まないのは、財政的制約もありますが、学習支援の対象者について具体的な基準が設けられていないことに原因があると考えられます。住居確保給付金支給などと異なり、学習支援の対象となる「生活困窮者」には具体的な資産・収入の基準が設けられていません（前掲「質疑応答集」）。そのため、受け入れの要件や決定は自治体や自立相談支援事業の窓口の裁量に委ねられています。例えば名古屋市では、筆者が聞くところ、自立相談支援事業の窓口の一つを担当するNPO法人スタッフは「生活困窮者か否かの判断は〝感覚〟」と話し、子どもを可能な限り学習支援につなごうとしています。また、就学援助の利用や児童扶養手当の満額受給など独自の基準を設け、学習支援になるべく広く子どもを受け入れようとしている一部の自治体もあります。しかしその一方で、学習支援対象者の具体的基準がないため、自治体や窓口が対象者を的確に把握することができない事態を生んでいますし、場合によっては対象者を抑制的に把握することを許してしまっています。当初から受け入れを生活保護受給世帯のみに限定している自治体も少なくなく、とくにそのような自治体では担当職員から「対象者がわからない」という話をしばしば聞きます。就学援助、児童扶養手当・ひとり親世帯、市町村民税非課税などが受け入れ要件として利用されており、生活困窮世帯を把握する指標がまったくないわけではありません。ただ、自治体はこうした要件を用いたときに、支援能力以上の対象者が集まってしまうことを恐れているようです。瀬戸市でも表向きは生活困窮世帯の子どもを受け入れることになっていますが、実際の受け入れは生活保護受給世帯のみとなっています。担当の職員は、対象者の拡大の必要を感じつつも、支援能力の限界を考慮しながら、生活困窮世帯へのアプローチのあり方に大変苦慮しています。

さらに、学習支援対象者の具体的基準がないことで、対象者へのピンポイントの案内や参加呼びかけができません。生活保護受給世帯の子どもたちはケースワーカーなどに誘われて学習支援につながっていきますが、生活困窮世帯は原則、自立相談支援事業の窓口まで自ら出向かなくては学習支援につながりません。こうした受け入れ方の違いも、生活困窮世帯の子どもの受け入れが進まない要因であると考えられます。

なお、すでに学習支援に広く子どもを受け入れている自治体では、関連部署間の連携も比較的進んでいるように見えます。とくに、福祉行政と学校・教育委員会との連携が機能しており、学校を通じて学習支援について周知が図られています。学習支援につながるルートに機能的に学校が加わることで、子どもにより近いクラス担任や事務職員、スクールソーシャルワーカーなどが対象者を発見・把握し、必要な支援につなぐことができます。そのような学校の機能は貧困対策の「プラットフォーム」（「子供の貧困対策大綱」）と呼ばれるものですし、また生活困窮者自立支援法は担当部署が「教育機関その他の関係機関（中略）との緊密な連携を図」（第三条）ることを定めています。子どもの貧困は一つの部署・機関では対処できない広範な課題であるだけに、関連部署・機関の連携が不可欠です。学習支援の体制づくりを通して、自治体をあげて「子どもの貧困」に取り組む体制づくりのきっかけとなることを期待しています。

■学習支援の自治体間格差・地域的偏在

学習支援の実施状況には自治体間格差が生じており、かつ一自治体内にも地域的な偏りがあり、居住地域によって学習支援につながらない、もしくはつながりにくい子どもたちを生んでいます。学習支援には、今日、生活保護受給世帯・生活困窮世帯のほか、ひとり親世帯、児童養護施設等入所の子どもをそれぞれ対象とした学習支援（厚生労働省所管）や、学校支援地域本部を利用した学習支援（文部科学省所管）があります。これらはすべて自治体の任意事業であるため、担当部署や子どもの参加要件が異なる複数の学習支援事業が立ち上がる自治体がある一方で、支援を必要とする子どもがいても条件が整わずに学習支援事業を一切実施できていない自治体も多くあります。

生活困窮者自立支援法による学習支援の実施について見れば、原則（i）福祉事務所設置自治体であり（同第六条）、（ii）事業実施に係る予算を確保できなければ（同第九条が国の補助率は二分の一以内と規定）、自治体内で事業化できません。福祉事務所を設置していない町村には支援事業の実施権限が認められていませんので、町村内で学習支援を実施するには、都道府県が実施するか、都道府県からの権限委譲の手続きをとって町村が実施するか、もしくは国からの補助が得られない全額負担の自主事業として町村が実施することになります。同法による学習支援の実施率は三三％（二〇一五年四月時点）となっていますが、福祉事務所を設置していない町村は調査対象になっていません。町村での実施率はきわめて低いものと思われます。

さらに、学習支援の自治体間格差は直接、子どもの支援にあたるサポーターを確保できる環境の違いにも由来しています。自治体の直営（二四％）もありますが、その多くは民間団体への委託（六二％）で実施されています（厚労省前掲調査）。民間委託で学習支援を実施しようとする場合、(iii)委託先となる（法人格を有する）民間団体があり、(iv)サポーターとなる市民（学生、教員OBなど）がいなければ実施には至りません。都市部でない自治体では、こうした団体やサポーターの確保が容易でないため、学習支援を実施できなかったり、支援能力を超えた事業拡大を避けようとして、学習支援の対象者を制限せざるを得なくなったりしています。

また、学習支援が実施されていても、必ずしも子どもの生活圏内で実施されるわけではありませんので、居住地域によっては学習支援に参加しづらい子どもたちがいます。統計データはありませんが、経済的困難を抱える子どもたちのなかには自転車に乗らない・乗れない子どもが少なくないように思います。現在、自転車を所有していないだけでなく、幼少期に体に合った自転車を購入してもらい、親などに補助輪なしで自転車に乗る練習につき合ってもらえなかったことによるのではないかと想像しています。そのような子どもたちは、学習支援への継続的な参加が容易ではありません。

■行政と支援現場の信頼関係をつくる

学習支援の多くが社会福祉法人やＮＰＯ法人などへの民間委託によって実施され、子どもへの支援にあたるのは主に市民ボランティアです。そのため、行政と支援現場（委託元と委託先）との間で目的や価値観、情報を共有し、事業運営や支援にあたって十分な連携をとる必要があります。

瀬戸市では、学習支援立ち上げの段階から担当職員と筆者の間で支援方針や方法について検討・協議を進め、体制を整えてきました。学習支援には小学生から高校生までを受け入れていますが、これは地域や対象の家庭の事情をよく知るケースワーカーからの提案によるものです。対象となる子どもはひとり親世帯が多いため、中学生の兄姉の送迎に保護者が付き添うと、小学生の弟妹たちは自宅で留守番をすることになります。それを理由に中学生が参加をためらうことがないようにとの配慮でした。担当職員は頻繁に支援現場に顔を出し、子どもの様子を直接見てくれ、サポーターからは子どもの学習状況や生活状況などをその都度伝えています。さらに、学習支援と福祉行政との間の信頼関係が基盤となり、上述の制度設計・運用上の課題を克服するような次の展開にもつながっています（中学校での学習支援の実施など）。

その一方で、別の自治体で学習支援を行っている若者から、自治体の担当職員との間で支援方針が一致できず困ったという話を聞きました。サポーターのみなさんはすでに学校や家庭で追い込まれている子どもたちをさらに学習支援でも追い込んではいけないと考え、子どもの興味関心や学びのペースに合わせた支援を大切にしていました。それに対して、職員からは、それでは高校合格という目的を達成できないと言われ、子どもそれぞれの厳格な指導目標・計画を立てて、ビシバシの受験指導をすることを何度も〝提案〟されたというのです。子どもの将来を考えての提案だったようですが、サポーターからは子どもたちの置かれている状況を説明し、進学後も学習を続けられるようにするため自分たちの支援方針を尊重してほしいことを繰り返し要望したそうです。

教育法学には「教育の内外事項区分論」（兼子仁『新版教育法』有斐閣、一九七八年）という理論があり、教員の自主性を尊重し、教育行政の非権力性と教育内容への必要以上の不干渉を謳っています。社会権に根ざした福祉行政の性格や委託契約を結ぶ福祉行政と学習支援団体の関係に同理論をそのまま適用することはやや乱暴ですが、学習支援が子どもの学びや発達を支えることに積極的な意義を見出すのであれば、学習支援との関係では福祉行政は子どもを中心により非権力性を志向すべきです。また経験的には、粘り強い対話を通して両者の価値観や支援方針の共有が図られることになると思われます。それらを踏まえて、子どもの学び・発達を支える福祉行政（さらには教育行政）と学習支援との関係性を捉える理論枠組みを構築することは学問的かつ実践的課題であると考えています。

■生存権・学習権の保障責任を問う

　学習支援は今、困難を抱える子どもたちに寄り添い、彼らを貧困から脱出させるきっかけの一つになると思いますが、彼らを苦しめる貧困や教育機会の不均等という根本的課題を解決するものではありません。学習支援はあくまでも「子どもの貧困」の対症療法であって、原因療法ではないのです。貧困解消には、だれもが人間らしく生きられる社会福祉、応能負担に徹する税制、安心して働ける労働環境の整備・充実が不可欠です。そして、本来は私費に依存しなくても、学校教育を通して必要な学力が身に付かなくてはいけません。きめ細かい学校教育を進めるには、クラスサイズの縮小や教員定数の増加という教育条件整備が必須です。学校に貧困対策の「プラットフォーム」の役割を期待するならば、それに見合った条件整備が必要です。「子どもの貧困」の原因療法を施す責任――言い換えれば、生存権や学習権を保障する責任――は、まず国にあるわけです。

　その上で、二〇一五年度予算を見てみましょう。「子供の貧困対策大綱」に合わせて、文部科学省は「地域未来塾による学習支援の充実」（二億円、新規）を、厚生労働省は「子どもを有する生活保護受給世帯等への支援の充実」（八億円、新規）をそれぞれ計上しています。しかし、文部科学省は四〇人学級を維持し、少子化等を理由に教員定数を三一〇〇人（六七億円）削減しています。給付型奨学金もまだ未整備です。安倍政権下では学校教育は依然、競争主義的であり、国家主義的な教育管理（教科書検定基準の改定や道徳の教科化、ゼロ・トレランス）が進んでいます。学校は子どもにとってますます窮屈な場所となっていますから、学習支援は子どもたちにとってのオアシスであるのかもしれません。ただこの予算編成を見ると、学校の窮屈さを解決しないまま、オアシス（学習支援）を若干広くしただけで、国の責任をもって子どもの貧困の解消・削減に取り組もうというものではありません。すでに指摘されているように、子どもの貧困対策推進法が貧困削減の数値目標すらなく、それを目的としているわけでありませんから、こうした事態は当然の結果であるのかもしれません。

では、この事態をどのように見ればよいのでしょうか。中山弘之さん（愛知教育大学）は、教育基本法改定（二〇〇六年）について、社会教育の歴史的性格を踏まえ、次のような指摘をしています。「教育基本法改正に対しては、競争主義的な学校教育をさらに進め、それを学力テストで競わせて管理することがねらわれている、という評価が一般的になされていますが、そういう体制の中で多くの子ども・青年たちが必然的にふるい落とされていくことになるのではないかと思います。今回の法改正はそうした子どもたち・青年たちを社会教育・生涯学習を通して――うがった言い方をすれば教育的に『始末』をつけることで――、表面上は彼らの生きがいを保障しているように見せかけながら、結果的には学校教育の欠陥を見えにくくさせようとしているのではないか、と考えています」（中山弘之「教育基本法・社会教育法改正は青年の学びに何を提起しているのか」、『中部教育学会紀要』第一〇号、二〇一〇年、六九ページ）。

学校教育そのものの改善がないままでは、支援者の善意・熱意に反して、学習支援が学校教育の

「欠陥」を隠し、その「始末」をつけ続けることになります。これまで指摘したように制度設計や運用上の課題から学習支援による「始末」には限界があります。学習支援の充実に加え、すべての子どもの学力を保障する観点からユニバーサルサービス・公教育である学校教育の改善に関心が向かなくてはいけません。また、学生サポーターは一般のアルバイトの賃金よりも少ない謝金で支援にあたっていますし、委託を受けるNPO団体のスタッフは厳しい労働条件のなかで支援にあたり、貧困が貧困を支えるという現実があります。それは公的支出を抑えた安上がりの貧困対策とでもいうべきものです。学習支援の予算拡大というポーズに騙されてはいけません。

学習支援だけなく、子どもの貧困対策そのものがこうした市民の善意・熱意に依存して展開されようとしています。官公民の連携で「子供の未来応援国民運動」が立ち上がり、民間資金を調達して子どもの貧困対策の基金の準備を進めています（二〇一五年四月）。政府の確固たる貧困削減の決意がないなかでは、民間の善意が意図せず、その思いとは裏腹に政府の責任を後退させる口実やスキを与えかねません。困難を抱える子どもに寄り添いながら、国が貧困削減の責任（とくに財政負担責任）を的確に果たしていくよう注視・要求していかなくてはいけません。

■おわりに――学生サポーターの主体形成

学習支援は学生サポーターたちの協力なくしては実施できません。「ピース」では学習支援が子どもだけでなく、学生サポーターにとっても学び・主体形成の場となるよう心掛けています。学生サポーターは子どものつまずきに共感し、自身のこれまでの学びの課題――学ぶ意味がわからず勉強させられたことや試験で点数をとることに追い立てられたことなどを振り返りながら、それらを乗り越える学習支援の工夫を始めています。そのなかで、子どもたちの親のなかにひとり親や外国籍の親、メンタルの病気を患っている親が多いことに気付き、そのような親がどうして貧困に陥るのかその原因を考えるようにもなりました。学生たちは安易な自己責任論を脱し、貧困や低学力が社会構造的な問題であることを認識できるようになりつつあります。こうした認識が学生たちに芽生えて来たことを頼もしく見守っているところです。

学生たちの認識の芽はまだまだ未熟なものかもしれませんが、それは貧困撲滅の小さな一歩であると信じています。子どもたちの学びに刺激を得ながら、学生たちの認識の芽を大輪の花へと育てていこうと思います。

7 高卒女性の一二年をとおして見えてきたもの

——若い女性の不安定と貧困、そして明日——

杉田真衣

■なぜ、若い女性の問題に関心をもったか

——若い女性の貧困の問題が注目を集めています。そのなかで、『高卒女性の12年　不安定な労働、ゆるやかなつながり』（大月書店、二〇一五年）は、高校三年から三〇歳まで、ノンエリート女性たちは、どのような関係と環境のなかで働き、暮らしてきたのかについて、調査し、わずかなつながりを支えに、東京で生きぬく女性たちの歩みを描いています。この本を書くきっかけ

となったのはどのようなことだったのでしょう。

女子高の授業調査

私が、若い女性の問題に関心をもつようになったのは、大学の三、四年生のときに、東京・世田谷区の大東学園高校の総合学習の授業の調査に行っていたことがきっかけです。一九九五年に東京都立大に入学した私は、学校で学ぶことの意味を知りたくて教育学科に入りました。自分の学校体験がとても苦痛なもので、学校は意味がないと思っていたからです。当時、「援助交際」という言葉が広がり、女子高校生が注目されていた時期だったのですが、大東学園では、「性と生」という授業で、援助交際をテーマに取り上げていました。当時は女子校だったので、女の子たちがいろいろと意見を交わしたりという授業でした。

私は中学校・高校と学校の授業に不適応を起こしていましたが、この授業は、「こういう授業だったら参加したかった」ととても感動しました。生きるうえで大切なことを教えてくれ、社会の本当のことを考えさせられる授業だと思い、卒論を書くために授業に一年くらい通わせていただきました。卒論ではこの授業について「素晴らしい」と書いたのですが、授業を見せてくださった先生から「金八先生みたいですね」と言われました。誉めてばかりでもう少し批判してほしいという意味だと受け取りました。

大学院に進学し、ほかの先生の授業を見せていただいたり、教科会という会議に出させてもらったりして修士論文を書きましたが、あまりうまくいきませんでした。授業の面白さをどう書いたらいいのか、方法論が獲得できなかったのです。

そのころ私は、一年間入らせてもらった授業を受けていた生徒が、卒業した後で、あの授業の意味をどうとらえているのかを知りたいと思い、卒業生にインタビューをしました。話をするときに近況を聞きます。ある人は、高校に来ていた求人に「正社員」と書いてあったが、就職したら非正規だったと言っていました。しかも立ちっぱなしで長時間働く仕事だったので、腰を痛めてしまい、数カ月で辞めたそうなのです。「でもバンドマンの彼氏と結婚するからいいんです」と言いました。また、別の方は、そもそも就職ができなく、「近所のスーパーでずっとレジ打ちのアルバイトをしています」と言っていました。このように若い人の、私たちがよく考えるべき実態が語られていたのに、当時の私は、そういう近況は、その方と関係をつくって授業の話を聞かせてもらうための話のようにとらえていたので、ただ「大変ですね」で終わっていました。バンドマンの彼のライブを聴きに下北沢のライブハウスに行ったりはしたのですが。

性の授業は、「生徒を主人公にする」というスローガンで授業をつくるなかで、生徒が自分の言葉で話せる性の領域の話を授業外の話という形で区切らずに、授業で正面から扱うところに魅力がありました。私は、修士論文では、その半面、例えば「あなたのその考え方おかしいわよ。本当の愛じゃないわよ」などというように先生が生徒の恋愛を否定するかのような発言をしていたことに注目しました。四年制大学卒業の先生の文化とノンエリートの底辺校の女の子たちの性をめぐる文化はかなり対立していて、先生が生徒の文化を理解できない結果、逸脱傾向がある女の子を排除してしまうという難しさがある、という分析をしたのです。

二つの都立高校卒業者継続追跡調査の開始

博士課程に入り、私の所属していた乾彰夫ゼミで、二つの都立高校（多摩地区にある普通科「中位校」と東部にある普通科「底辺校」）の二〇〇三年三月卒業者を対象にした五年間の継続追跡調査を始めました（乾彰夫編『高卒5年　どう生き、これからどう生きるのか』大月書店、二〇一三年、参照）。調査の前から、若者の雇用状況を勉強し、また調査を始めて若い人の話を聞いていくなかで、ショックを受けました。修論のときの話を思い出し、不安定のなかを生きる若い人の状況を理解できていないのは、大東学園の先生ではなく、私だったと気づきました。大事な話を聞かせてくれたのに、きちんと社会の構造の問題として聞けていなかったのです。

二〇〇〇年当時も、若い人、とりわけ女の子には職がなく、職に就けても不安定であるということがいま起きているのだということを勉強していなかったし、大東学園を卒業していく若い人たちがそういう現実に直面していることを、全然わかっていなかったのです。そして、私自身がまず若い女性のことをちゃんと把握して、現場の先生方の役に立ちたい、高校を出た後の状況をきちんと知ることで、こういう現実を生きる若者たちに、高校教育は、あるいは中学校の教育はどうしたらいいのかを考えられるのではないかと思いました。

『フェミニズム教育実践の創造』（青木書店、一九九七年）という本を書いた吉田和子さんの影響も大きく受けました。吉田さんは都立の商業高校の教師をされていて、商業高校に来る女の子たちは「三重のマイノリティ」だと言っていました。「子ども」「ノンエリート」「女性」という「三重のマイノリティ」としての女の子たちの声を回復させることが重要だという視点で実践を展開されていました。私自身は私立の中高一貫校で、ある意味エリートコースを歩んできましたが、母も父もノンエリートで、私は特に母の子どもの頃からの苦労の連続に心を寄せていました。私自身も女性としての生きづらさはずっと抱えていて、自分よりノンエリートの女性たちの大変さを考えなければと思っていたのです。それで大東学園の実践と吉田さんの実践に惹《ひ》かれていったのだと思います。

乾ゼミの調査だけではなく、二〇〇〇年に入ったころからいろいろな若者調査がされるようになりました。若い人へのバッシングに対して、やる気がないわけでも、勤労意欲がないわけでもなく、仕事をしたいけれど仕事がない、頑張っても仕事自体が大変ということを実証することは、一定程度できてきたと思います。そして、調査をするなかで、やはり女の子の方が大変だということがわかってきました。そこで私は、女性の問題にこだわりたいと思ったのです。

■調査から何が見えてきたか

――いま若い女性の貧困や不安定については、どのように議論されているのでしょうか。また、杉田さんの調査からは、全体としてはどのようなことが見えてきたのか、全体的な特徴をお聞かせください。

注目されていなかった若い女性の問題

「フリーター問題」のような形で、若い人の雇用のことが問題化されたときにも、「一家の大黒柱」というか、主たる稼ぎ手であるべき男性が非正規になったということで、初めて騒がれるようになったわけです。以前から女性は終身雇用の外に置かれていたので、非正規雇用が増えても問題化されなかったのです。

男性と女性の間に生じている格差は一般には縮小しつつあるという議論もあります。たしかに、男女雇用機会均等法の改正、育児・介護休業法の制定・改正など女性の就業条件を改善し、結婚・出産後も働き続けることを可能にする制度を整えようとする動きはあります（ただ、それがきわめて不十分で、多くの問題があることも指摘されていますが）。実際、女性の就業率は全年齢層において上昇傾向にあり、かつては出産・育児期として就労率が著しく低下していた二五歳～三五歳の年齢層における就労率が（晩婚化を背景にしつつも）上昇しています。しかし、近年の就労率の増加は、主として非正規労働者の増加によるものであり、女性が正規労働者になることは以前にもまして困難になっているのが実態です（図８）。女性の就労率の上昇は、けっして、経済的に自立できる女性を増加させているわけではないのです。

そうしたもと、では女の子たちはどんな現実を生きているのでしょうか。そのことをていねいに考えなければいけないと思ったのです。

「女の子はどうせ結婚するから」

実際に調査をするなかでも、男女差は明確にあって、例えば高校三年生のときの進路状況一つ見ても、B高校の場合は進学者自体が少ないのですが、進学者は男性の方が多いのです。「大学に推薦で入れるよ」と声をかけられるのは男性が多かったりしました。非正規労働者になっていくであろう「進路未定者」は、女性が多かったのです。三年生の段階でもそういう差が出ていて、さらにその後追いかけても、正規で就職できた人が辞めた場合、男性は次の仕事が見つけられるのですが、女

図8　女性の年齢階層別非正規労働者比率の推移

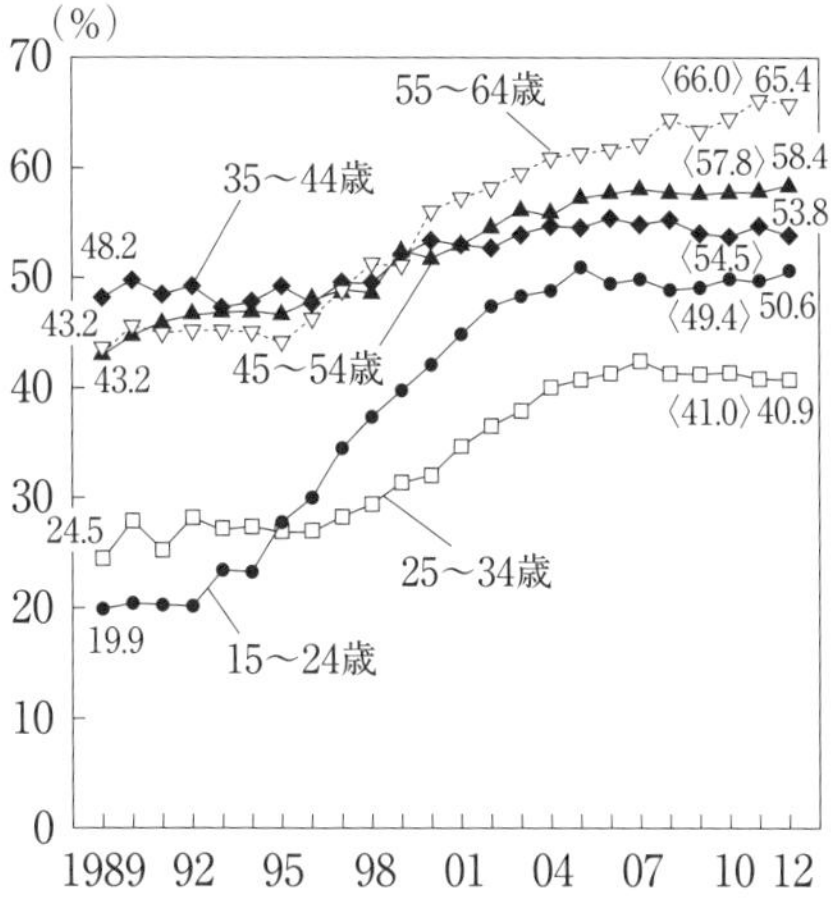

注）1. 総務省「労働力調査（詳細集計）」より。
2. 非正規雇用者の割合＝（非正規の職員・従業員）／（正規の職員・従業員＋非正規の職員・従業員）×100。
3. 2001年以前は「労働力調査特別調査」の各年2月の数値、2002年以降は「労働力調査（詳細集計）」の各年平均の数値により作成。「労働力調査特別調査」と「労働力調査（詳細集計）」とでは、調査方法、調査月等が相違することから、時系列比較には注意を要する。
4. 2001年の〈　〉内の割合は・岩手県・宮城県及び福島県について総務省が補完的に推計した値を用いている。

出所）http://www.gender.go.jp/about_danjo/whitepaper/h25/zendai/html/zuhyo/zuhyo_img/zuhyo01-02-09.gif
（小杉礼子・宮本みち子編著『下層化する女性たち』より）。

性はその後も非正規であるという違いがあります。統計を見ても、女性の非正規雇用率の方が高いと出ますが、実際に話を聞いていっても、その差ははっきりしていると思いました。

進路指導でどうして男の子たちの方が大学を薦められるかと言えば、「男の子は家族を養うんだから」みたいな考えが進路指導の教師にあったり、親にあったりすることが推測されました。「私はべつにやりたいこともないし、大学には進学しないけれど、弟は男の子だから大学に行かせてやりたいから、私が就職して弟の学費を稼ぐのです」という人がいたりして、本人もそういう価値観を持っていました。そういう考え方のなかにジェンダー意識といってもいいのかもしれませんが、「女の子はどうせ結婚するから」みたいなものがあったと思います。でも実際には結婚もそんなにしていない。結婚はしなければいけないわけではありませんが、女性だったら結婚するかというと、するのも難しくなってきているということも見えてきています。ではそういう人たちがどう暮らしているかを、もう少しちゃんと見ていかなければ、と思いました。

それぞれの軌跡

乾ゼミの二つの都立高校の卒業生調査については、『前衛』でも何度か、乾さんが書かれていますが、在校時に二校合わせて八九人にインタビューをしたことからはじまって、高卒一年目五三人、三年目三九人、五年目三三人とインタビューをし、大卒者はそれとは別に大学を出るときにも聞きました。全体の調査はそれで終わったのですが、私は女の子にこだわって、B高校出身の四人（と一人）、庄山真紀さん、西澤菜穂子さん、浜野美帆さん、岸田さやかさん（と岸田さんのパートナーである相良健さん）の追跡調査をしたのです。

これはインタビューの本筋からは外れると思うのですが、私がこの調査をするようになって次のことを痛感しました。調査では「客観的であれ」「中立的であれ」とか、「科学だから」ということが強調され、距離が近すぎると、調査ではなくなってしまうと言われることがあります。最初は私もそう思い、距離をとったのですが、それでは話を聞けないのです。関係をつくり、ずっとおつき合いをするのだと覚悟する――覚悟するというと相手に失礼なのですが――、自分が覚悟を決めないと、相手の方も安心して話せないし、信頼もしてくれません。

とくに庄山さんという、大変な困難を抱えている方は、高卒五年目の調査でも、もうどこか消えてしまいそうな感じでした。話を聞いていると強い方ではあるのですが、その後どうなるかをきちんと聞くべきだと思い、簡単に終わらせることができなかったのです。もちろん自分の研究のために調査を続けているのですが、「始めたのだから、続ける」というようなことはあったと思います。

表10（次ページ）に四人の一二年間の軌跡をおおかまに示しておきました。本では、それぞれの軌跡を、「先が見えないし長生きはしたくない――非正規で働き続ける庄山真紀さん」「三〇歳なのに二〇歳みたいに悩んでいる――二〇代後半から芸能の道を歩む西澤菜穂子さん」「親がいる限り自由がない――健康問題を抱え姉弟と家計を支える浜野美帆さん」「結婚一〇周年には親子四人で旅行に行きたい――家族形成を軸にネットワークを広げる岸田さやかさん」と題して、描きました。そうした彼女たちの履歴をふまえながら、若い女性の実態について考えていったのです。

6	7	8	9	10	11	12
				正社員		
			テレアポ	日雇い派遣→倉庫→風俗の求人（正社員）		求人から写真の修正の仕事へ
一人暮らし	ヘルニアで歩けなくなり、社会福祉協議会でお金を借りる→生活保護受給		基金訓練制度を利用	医療扶助のみ受給	収入は全額家に入れ、そこから小遣い5万円	
出会い系サクラ						
	借金を完済。約3年交際した恋人との別れ。コスプレをはじめる。	声優養成所に通い始める。	ボイストレーニングをうけはじめる。有名劇団員のレッスンも。		個人事務所のワークショップに参加。	ボイストレーニングの学校の講師（正規）にという要請に悩む。
	カラオケ店・寿司屋B・ラーメン店（途中でカラオケ店辞める）	寿司屋B		寿司屋B・キャバクラ	寿司屋B・コンビニ	寿司屋B・キャバクラに週一日
	ゲームセンターの男性と交際、同棲。「居候」とメールされ、引っ越す。					
					ホームセンター（アルバイト）	
一戸建てを購入、出産			二人目を出産			

表10　ある高卒女性の卒業後12年の軌跡

	1	2	3	4	5
浜野美帆さん	正社員	フリーター			
	美容室	パチンコ→日雇い派遣（倉庫）・カラオケ	テレアポ→菓子屋	漫画喫茶、テレアポ、日雇い派遣、居酒屋、チャットレディ（かけもち有り）	チャットレディ
	収入の全額を家に入れる。		家に月10万以上入れる		家に月5万入れる
西澤菜穂子さん	正社員→フリーター				
	家具製造業→貸店舗管理・交通量調査・日雇い派遣	クラブ→パチンコ→キャバクラ	漫画喫茶も兼ねる	貸店舗管理・父の会社手伝い→派遣（DM封入）→派遣（倉庫）	派遣（テレアポ）→出会い系サクラ
			このころ借金120万		
庄山真紀さん	フリーター				
	弁当屋、一時中華料理店とかけもち	一時クラブ、キャバクラとかけもち	カラオケ店とかけもち→弁当屋辞める	カラオケ店、一時雀荘、寿司屋Aとかけもち	カラオケ店・寿司屋B
		バンドマンと交際	母親が交通事故	バンドマンと交際、1ヵ月同棲。母死亡・一人暮らし	メンタルクリニックに通い始める。カラオケ店の同僚と交際。妊娠・中絶。プロポーズされる。
岸田さやかさん	フリーター			主婦	
	スーパー	ホームセンター（アルバイト→パート）			
	プチ同棲			結婚・新居に	

■雇用環境、仕事──非正規の仕事を転々と

──では、彼女たちの雇用環境、仕事については、どんな特徴があったでしょうか。

それでも知恵や技を獲得しながら

乾ゼミの調査では、必ずカレンダーを前に出し、「何月に仕事を始めましたか」というふうにして、いっしょに仕事カレンダーのようなものをつくっていくようにしています。彼女たちも慣れているので、「ここかな」と指してくれたりしながらカレンダーをつくっていくのです。この四人の二〇代の女性をインタビューして、本人も覚えていないぐらい職を転々としていることを知りました。「そのときは暑かったですか」と聞き、「うーん、寒かったかも」といった具合に記憶をたどることもあります。

簡単にいえば「非正規の仕事を転々としている」のです。その一つひとつについて、「これは時給がいくら」とか、時給一〇〇〇円いかなかったし、けっこうハラスメントがあり、人間関係が難しかったり、非正規なのに正社員並みに働かされたりという話を聞いていきます。最初の時期は、有休ど

ころか病休も取れないなど、非正規雇用の仕事の中身の大変さと不安定さを明らかにしていくということが、一定程度できたと思います。

　ただ、そのときに気をつけたのが、「転々としている」で終わるのではなく、その中身を見ていくことです。すると、そうはいっても「転々と」する仕方が変わっているのです。非正規で暮らしていくためには、ダブルワークをするわけです。その仕事の組み方を考えている。高卒後初期のころは、たとえば夜、クラブで働いていて、朝方帰ってきて、少し寝てお弁当屋さんの仕事に行くというような、もう倒れるだろうという働き方をしていましたが、それが何年かたってくるうちに、同じダブルワークでも、上手に睡眠時間をとることができ、一週間に一日は休みを入れるようになっていました。

　後述する、私が書いた『高卒女性の12年』の中で「性的サービス労働」と言っている仕事でも、最終的に出会い系のサクラになっていく人は、同じ「女性性」をサービスとして提供する仕事であっても、直接、相手に会わなくていい仕事で、お菓子を食べながら、時給は高くはないけれど一〇〇〇円は超える、あたりに落ち着いていく。単に「転々と」と言っても、翻弄《ほんろう》されているだけでなく、彼女たちなりの知恵や技を獲得してきている、主体的に働き方をつくっていっている部分はあるというところが見えてきました。ただ、そうは言っても、裁量があまりあるわけではなく、仕事そのものは大変ではあるのですが。

　さらに一〇年目、一二年目と聞き取りを続けていると、正社員の道が開けてくる人が出てきて、それは風俗関係の仕事であったり、ボイストレーニングの仕事だったりするのですが、そこにいく人たちは、職業訓練を受けられていたり、専門学校のようなところに通えていて、正社員といっても、その中身は抵抗感を抱かれることもあるようなものですが、それでも正社員の仕事に就く回路は開けています。彼女たちは、高校を卒業するときに、経済的な制約で進学ができなかったため、ずっと非熟練できたのですが、何らかの教育機関を経て、それまでとは違った仕事に参入できるきっかけが見えてきています。そこからも安価な職業訓練を充実させる必要があると思いました。

高校時代から親を支え

こうしたノンエリートの彼女たちの多くに共通しているのが、高校時代から「親に支えられないどころか、親を支えている」、普通に働いて家を支えていることです。だから高校を出る前と後に境がないのです。高校でしていた仕事の延長線上のような感じで、卒業後に仕事に就いているというのが、彼女たちの現実です。仕事だけでなく、生活面でも母親を支えていたりということがある。まだ、高校生は学ぶ存在というだけのとらえ方をしている先生たちも少なくないと思いますが、高校生像の転換のようなものが迫られているのかもしれません。

この本ではあまり書いていないのですが、経済的に支えるだけではなく、精神的にも支える、ケア的なことを迫られているケースもあります。女の人の方が男性よりも経済的に自立すべきと思われていなかったり、家のことも引き受けさせられたりするなかで、家庭からなかなか出られないということだと思います。乾ゼミの調査でも、事例は少ないのですが、弟は「野球部頑張れ」「いい高校に」と、好きにやらせてもらっているが、女の子は家の掃除や洗濯を担うなど、露骨にジェンダー差がある家庭もあったりしました。

いずれにしても、この本で扱った四人を見ても親を支えていて、浜野さんは、三〇歳になっても、全部収入を一回実家に入れ、お姉さんが仕切って、お姉さんからお小遣いをもらっている。お姉さんも自立できず、きょうだい三人で母親を支えています。それは高校生のときからずっと変わらないといえます。

「夢追い型」をどう見るのか

以前、労働政策研究・研修機構のニート・フリーターについての調査研究で、若者の就職意識について、「夢追い型」と表現し、若者の憧れる職業には参入ルートが不確かなものが多く、これらの職業そのものがフリーターという就業形態を要求していると見ることもできるとして、その困難性を強調するような議論がありました。しかし、この本にもあるように、いきなりコスプレイヤーになったり声優という進路にすすむ人がいるのです。彼女たちのこれまでの苦労を考えれば、私は「合理性」という言葉で表現しましたが、簡単に批判的に「夢追い」などと言えない面があります。しかも実際に意外と正社員につながっていて、簡単に「危うい進路」とは言えないと思いました。よくカタカナ系の職業などと揶揄され、「いまどきの若い人はキラキラした職業に憧れるけれど、どうせなれるのは一握りだし、浮ついている」というまなざしがありますが、ていねいに見る必要があると思います。

ほかにまともな人間らしい仕事があれば、話は違ってきます。しかし、そういった仕事がまったくないなかで、よりよく生きようとする人が、「夢追い」と言われるような仕事に入っていこうとするのは、ある意味では当然です。昔の若者バッシングに近い、「いまの若い人は怠けている」というまなざしとどこか通じるような見方が広がっているなかで、彼女たちのなかに入り込んで聞く必要があると思っています。そういう進路が、今後どうなっていくかを知るためにも、聞き取りを継続する必要があると思っています。

また、バンド、アイドルやテーマパークのダンサーが好きという趣味を優先して生活している人もいました。これも、消費文化の世界に入っていくということを簡単に批判できません。ある種の生き甲斐のようになっているので、そこは注意して見る必要があると思っています。

不安定な仕事では、職業的アイデンティティの形成はきわめて困難です。そこから見ると、声優という職業がある種現実的に、彼女たちにとって必要な理由が見えてきます。彼女たちが就いていた仕事が、もっと安定していて、やり甲斐が強く感じられなくても、自己実現ということでなくても、「この仕事がだんだん上手になってきて、あの先輩のようになりたいな」という仕事であったならば、彼女たちも声優のようなリスクの大きい仕事を簡単にめざすことにはならないのではないかと思います。そういう仕事がないなかでの声優であり、コスプレなのだという理解はする必要があります。

当初、この調査を始めたとき、進路指導と実際の彼女たちの志望の「ミスマッチ」というような言い方がなされていました。進路指導の先生によると、生徒たちはアパレル関係やネイリストを希望していて、「求人票は来ているのですが、その仕事に就こうとしない」というのです。しかし、実際に、先生が望むような正社員になっていた人たちは、一年以内にパワハラ（いじめ）に遭ったり、賃金の問題などで辞めているのです。心も体も壊して辞めていくぐらいだったら、夢であるネイリストをめざしたいと思うのは当然です。そういうことが当時はミスマッチという形で語られていたのです。

■身近になっている性的サービス労働

——性的サービス労働についてもふれられていますね。

〝あってはならない〟とされることの弊害

性的サービス労働に関しては、これまでキャバクラ、クラブ、風俗の参与観察などの研究がありま す。私の研究にオリジナリティがあるとすれば、最初から性的サービス労働に対象を絞って調査をしたわけではなく、女性たちの状況を調査し、女性がいろいろな仕事に就くなかの一つとして、そういう仕事に就くということを分析したところにあるかと思います。そのため「女性性」を売るという意味で共通点がある仕事を、「性的サービス労働」としてくくってみようとしているのです。乱暴なくくり方かもしれず、「出会い系のサクラと風俗は全然違う」と言われるとそうなのですが、そのようにくくることで見えてくることもあると思っています。

〝あってはならない〟と社会的にはされている仕事で、そもそも「見えないもの」とされ、仕事として正当に見られていないので、同じ性的サービス労働のなか、同じ職種でも、「この店はまし」「ここは危険」という知識が共有されづらいのです。学校では「もってのほか」で、教えないというふうになります。情報・知識が得られないなかで、つながりや身近に得られる情報から、ましな仕事を探していかなければならない大変さがあります。

こうした性的サービス労働は、かなり身近になっています。たとえば私が大学で話をすると、「私はキャバクラで働いています」「デリヘルで働いていました」と言ってくる人たちがいます。広がっているのか、前からそうだったが知られていなかっただけなのかはわかりません。私がこういう話をするようになったから言ってくれるという面もあると思います。ただ調査や学生の話を通じても、また中村淳彦さんの本（『日本の風俗嬢』新潮新書、二〇一四年）などを読んでも、身近になった、バー（参入障壁）が下がったということは言えると思います。とりわけ非正規で、就く仕事、就く仕事が大変な人たちにとっては、入りやすいところに性的サービス労働があることが調査から浮かび上がったと思います。

一般的なイメージとは離れた現状

性的サービス労働には劣悪なものもありますが、劣悪だとする基準がわかりにくくさせられています。例えば、クラブでは基本的に身体接触はサービスに入っていないのですが、触られたりします。

それはハラスメントですが、そうだと言いにくく、サービスの一環としてとらえられやすいので、暴力に遭いやすい仕事です。賃金等もよくわからないシステムの店に勤めていた人もいます。

仕事が「思ったほど簡単ではない」ということもありました。「女の子はどうせ体を売ればいいんだろう」と言う人がいますが、とんでもないことです。いろいろなサービスの違いはあるにせよ、疑似恋愛と言えばいいのでしょうか、恋愛のようにみせかける技術がいると同時に、「でもこれはあくまでも疑似です」と距離をとるという大変難しい仕事で、誰もができるわけではない、「感情労働」なのです。現役の風俗嬢で、『風俗で働いたら人生変わったｗｗｗ』（コアマガジン、二〇一五年）などの著作もある水島かおりんさんは、風俗に関しては容姿はあまり関係なく、技術が重要だと言っています。

調査では、風俗を辞めていくパターンには二つあり、劣悪な労働条件のなかで辞めざるを得ないというのと、仕事が難しく、歩合制のもとでは、「お茶を挽く」（水商売などで客がなくて暇である）状態で、稼げなくなって辞めていく。思ったほど稼げないということもあります。稼げる人もいるが稼げない人もいる。時給などで最低保証がされていないと、どんどん引かれていってゼロになってしまうという、一般的なイメージとは離れた現状があり、身近にあり入りやすいが、残りにくいということがありました。

全体としてこの仕事にずっと就いていて、職業文化のようなものがあって、モデルがいて、徐々にその世界に入っていって、一人前になるような仕事ではないということです。これは非正規の仕事に共通したことだと思いますが、ここでも彼女たちにとっては「この世界で私はやっていく」というような、仕事を通じたアイデンティティ形成のようなものは、見出しづらかったのです。

■不安定を支える人間関係と社会的制度

――そうした不安定の中を生きる彼女たちをささえる人間関係はどうでしょうか。

家族も、結婚も難しい

育った家族が大変な彼女たちが、そこから抜け出す一つのルートが結婚です。しかし、岸田さん以外はできていません。したいけれどできないという感じです。西澤さんは三〇歳の時には結婚願望がなかったのですが、いずれにしても結婚していないのです。それはいま若い人全体が結婚できなくなっていることと重なっている状態だと思います。

彼女たちにとって恋人は大事な存在です。自分のことを認めてくれたり、生活を切りひらくために必要としているのですが、つき合う男性の雇用も不安定化しています。また、彼女たちが生き甲斐としていた消費文化の世界のなかで、バンドマンとつき合っているが〝貢ぐ〟関係というケースもあり、なかなかいっしょに生活をつくっていく関係にはなりづらいということもあります。結婚は難しくなっていると思いました。

そのなかで、高校生のときに互いの実家に泊まり合うところからはじめ、時間をかけて結婚に至っているカップルがいました。二人とも家がお金で苦労したことが共通していて、お金では苦労したくないという点で二人が一致団結して、一緒にたたかっている感じです。それは非常に稀《まれ》なケースでした。

いつもいなくてもお互いの存在を感じながら

このように家族も難しい、結婚も難しいなかで、では仕事を通じて人間関係ができるかといえば、それもないというのが実情です。仕事が細切れで、流動的ですから、安定的な人間関係が築けないのです。職場でのネットワークにも期待できないとなったときに、彼女たちを支えていたのが同級生のネットワークでした。B高校は生活指導に熱心で、人間関係も豊かで、教師たちの見守りの眼差しのなかで人間関係がつくられていたということがありました。

調査の最初の時期には、いつも一緒にいるという密な関係に注目していたのですが、一二年もたつといつも一緒にいるわけではありません。でももう会わないのかといえば、いまはＬＩＮＥやｍｉｘｉなどネットを通じて、お互いのことをなんとなく知っていて、必要なときに連絡をとったりしていますす。ずっと一緒にいるわけではないけれども、切れるわけではないという関係をつくっているのです。

たとえば、私が好きなエピソードに、高卒一〇年目のころ、庄山さんが同棲していた彼からひどい扱いを受け、彼がほかの女性へのメールで庄山さんのことを「居候」だと書いていたため、出ていくことを決意し、西澤さんに助けをもとめた話があります。引っ越しを手伝った西澤さんは、風呂場でカツラ（おそらくコスプレをする時に使っていたもの）の髪を切り落とし、その上にケチャップをかけて出てきたというのです。「言ってやったぞ」という感じです。庄山さんに代わって仕返しをしたわけです。

そういうふうに、いつも一緒にいないのだけど、何かあったときはわがこととして友だちの窮地や困難に共感して、そばに立つという関係が見られたのです。西澤さんは正義感から怒りやすい人なので、ときどき関係を切ってしまうのですが、何回切ってもまたつながって、三〇歳になったのです。西澤さんと浜野さんも、その後いろいろあって、いまは切れています。でも、私が西澤さんに会ったとき、「今度三〇歳になりましたよね」と聞くと、「そうなんですよ。浜野なんて〇月で三一歳ですよ」と、誕生日の話が出てくる。付き合いは切れているのですが、お互いの誕生日は意識しながら歩んでいます。いつもいなくてもお互いの存在を感じながら、同じところで生きているのです。

地域における関係

こうした同級生の関係は、同時に、地域における関係であることにも注目しました。同じ地域にいて、みんな下町から出ないで生きています。そのとき、それだけでは脆弱な部分があると思うのですが、単に彼女たちの世代の同級生ネットワークだけではなく、西澤さんの親の存在が、彼女たちのつながりに大きな影響を与えていたりする。彼女たちの関係が切れないでいられるのは、地域を出ないということと、その同じ地域に暮らす彼女たちよりも年上の人の存在がある。この点も重要と思い、ローカルネットワークという言葉で表現してみました。

庄山さんは下町育ちでそこから出たくないと言います。彼女はインタビューで「あれは×××祭のときだから何月ですね」と、お祭りを基準にして言うような人です。お母さんは亡くなり、お母さんがいたときも二人だけの、社会的に孤立した家族だったのですが、暮らしている地域に対する愛着みたいなものがあり、そこから出ないというのです。出ないことによって友人関係が維持されているし、年上の人との関係も続いている。例えば庄山さんが、彼氏から関西に行こうと誘われたとき、関西に行っていたら、もっと不安定になっていたのではないか。そこを食い止めたのが、ひとつのローカリティ、地域性みたいなものだと思っています。それを私は、「錨《いかり》」と表現したのですが、どこか遠くへと漂っていきそうになっても、ここに「錨」があるので遠くに行きすぎはしないというようなものがあるのではないか。

まわりの大人も、庄山さんによると、西澤さんの親は「私よりよっぽど面白いですよ。話を聞いてください。波瀾万丈《はらんばんじょう》ですよ」と言うほど苦労してきたと言います。浜野さんも自分のお母さんと西澤さんのお母さんは似ていると言う。苦労してきた人たちの似通った文化のようなものがあるようなのです。もちろん世代によって違いはあります。彼女たちは九〇年代後半以降の、若年労働市場の激変のなかにいるので、完全に同じとは言えないのですが、近いような境遇で生きてきた先輩、大人の人たちが見守ってくれているというのが、彼女たちを支えているのではないかと思いました。

社会保障が支える

たまたま西澤さんの親が他人を放っておけない人だったという見方もできます。庄山さんに「家にいつでも来ていいよ」と言い、庄山さんは遠慮をしてあまり行かないようにしているのですが、それでも「いつでも来て家族といっしょなんだから」と言うし、庄山さんのアパートの保証人にもなっている。こうしたことが稀だと考えたとき、若年女性に限らないかもしれませんが、若くて大変な人たちが頼れる場所をあちこちにつくるということが求められているのだと痛感します。

同時に、西澤さんの親の話は、全部個人がしていることですが、話を聞いていると、一方で、彼女たちは医療や福祉などの公的なものに支えられているということもわかってきます。庄山さんは通院しているメンタルクリニックのお医者さんとは相性がいいと言うように、医療に支えられています。浜野さんは生活保護に対するスティグマを内面化しているので、「早く切りたい、早く抜けたい」と言うのですが、ケースワーカーが「医療扶助があるから抜けないで」ととめています。そういう公的なシステムや、そこにかかわっている担い手の人に支えられている部分があるのです。この点は無視できない重要なことだと思っています。まずはそういう制度をもっと豊かにしていく必要があります。先ほどふれた「夢追い」型であっても、やってみてダメだったとき、一時期、生活保護を受けて、また別な仕事に就ける社会であるべきです。何回でも「これは無理だったな」と言えるような社会です。

しかし、到底そうはなっていません。

庄山さんは、西澤さんの家にいると「何も考えないでぼうっとしていられる」と言ったことがあるのですが、その言葉が私の心に残っています。ふつう、「どうしたの？　大丈夫？」と正面から聞かれると、人は「大丈夫です」などとしか答えられないと思います。しかし、そうではなく「あなたはここにいていい存在で、大事な存在なのだ」とみなされていてこそ、安心していられる。

そういう場所がいまはあちこちにつくられています。子どもシェルター、ユースセンターやコミュニティカフェなど様々な居場所づくりが実践されています。性に関わることだったら養護教諭の方が退職して「まちの保健室」をつくって相談に乗っています。そうした取り組みのすべてが大事だと思います。地域のあちこちに、まずは何も気にせずに存在が肯定され、必要であれば、仕事、社会保障、医療や性に関わる情報が得られるような場所が増えていったらいいなと思っています。

そして、何より結婚をしていない若い女性にもっと注目がいく必要があるなと思います。二〇一四年にＮＨＫの「クローズアップ現代」で若年女性の貧困が取り上げられ、話題になりました。これはいいことだと思うのですが、流行りで終わらせたくはありません。一時期のブームのようにして、次は別の問題へと移っていくのではなく、研究も実践も社会的な議論も、より蓄積されていくべきだろうと思っています。

8　歴史のなかで生活保護の意義を考える

尾藤廣喜

■憲法二十五条の画期的意義

九条と二十五条は車の両輪

二〇一五年一〇月二八日には、東京・日比谷で「10・28　生活保護アクションｉｎ日比谷　25条大集会」が開催されました。そのよびかけには、「『解釈改憲』は憲法九条だけの問題ではありません。

実は今、生存権保障をうたう憲法二十五条も骨抜きにされつつあります。自己責任を強調する社会保障制度改革推進法が二〇一二年に成立して以来、医療、介護、年金等すべての分野で削減がおし進められているのです。その突破口とされた生活保護制度では、老齢加算の廃止、生活費や住宅費などの引き下げが相次いでいます。くらしの最低ラインである生活保護の引き下げは、すべての人の『健康で文化的な最低限度の生活』レベルの引き下げを意味します。このまま黙っているわけにはいきません。誰もが社会から排除されることなく、人間らしく生きることのできる社会保障制度を求めて、集い、つながり、そして声をあげましょう」とあります。

いま、戦争法との関係で九条の解釈改憲が言われていますが、二十五条の状況を見ると、もはや解釈改憲をされてしまったと言っていい事態にすらなっています。そのいちばんのターニングポイントになったのが、二〇一二年の社会保障制度改革推進法でした。憲法二十五条に真っ向から反したこの法が、社会保障制度自身を根本的に崩壊に導こうとしています。九条の問題で、国民の運動が大きなもりあがりを見せていますが、今こそ二十五条を復権させ、権利性の確立を図らなければいけない時代であると思います。

集会で私は、憲法体系のなかで二十五条と九条は車の両輪であり、この国の将来を考えたとき、この両方が大切であるということを申し上げました。

憲法二十五条はなぜ生まれたのか。いわゆるマッカーサー草案には生存権保障をうたった憲法二十五条一項はありませんでした。当時の国会の議論のなかで社会党議員が中心になって、二十五条一項に「健康で文化的な最低限度の生活」を政府に求める権利があるのだということを憲法体系のなかに位置づけなければいけないと主張し、もり込まれたのです。その根本には、先の戦争において、日本が、国民の生存権よりも国家の利益を優先し、海外への侵略戦争をおこして、国民生活を破滅に追い込んだことへの反省があります。憲法の前文で言う「平和的生存権」の保障という考え方がベースになって、国民の権利を国が保障する規定として二十五条があるのです。

現在の二項に相当する「有ラユル生活範囲ニ於テ法律ハ社会的福祉、自由、正義及民主主義ノ向上発展ノ為ニ立案サラルヘシ」という文面が当初の案文には入っていました。その後、いろいろな国会の議論があったわけですが、生存権を憲法体系のなかできちんと位置づけなければいけないということで一項ができ、国民生活を国の義務として支えることをこの国のあり方の根本にするということになったのです。

このように先の戦争の反省のなかで、九条が平和を直接求め、二十五条はそれを支えていくために国民の生活の向上こそがこの国の目的であるということを明らかにしたのです。この二つが車の両輪として、憲法にきちんと書かれたことは、画期的なことだったと思います。

条文で書かれているだけでは

同じように敗戦を迎えたドイツには、日本国憲法二十五条に相当する条文はありません。二十五条の条文は、ドイツのワイマール憲法を一つのモデルとしてできているわけですが、ドイツでは、先の戦争の反省のなかで生まれた憲法（基本法）に二十五条のように明確な生存権の規定はありません。

しかし、ドイツの場合は、基本法二十条で、自国を「民主的かつ社会的連邦国家」と規定し、国民の生活を中心にした社会を築いていくとしています。ですから憲法裁判所も、社会保障裁判所でも、一般の裁判所でも、これをもとにして社会保障の権利を重んじています。日本は二十五条があるにもかかわらず、違憲判決がなかなか出ませんが、ドイツでは違憲判決は頻繁に出ています。そういう点では、権利を条文化しただけでは、ダメだということは言えます。画期的だったとは言え、条文で書かれたからといってまっすぐそのまま権利性が認められ、国政のなかで活かされたということではないのです。

この二十五条を空洞化させるため、政府あるいは司法を含めて、編み出された手法にプログラム規定というものがあります。これは、二十五条は権利性を具体的に書いたものではなく、あくまでもプログラムとして書かれたものだから、これによって具体的な権利を国に直接請求はできないという考え方です。一九四八年（昭和二十三年）の食糧管理法違反事件の最高裁判決がこれにあたります。闇米を買い食管法違反で逮捕起訴された人が、闇米を買って生活をしないと生きていけない、生きていくためには食糧管理法を守ることは不可能だ、食糧管理法は憲法二十五条に違反していると主張した裁判です。最高裁は二十五条の規定は、「国家は、国民一般に対して概括的にかかる責務を負担しこれを国政上の任務としたのであるけれども、個々の国民に対して、具体的、現実的にかかる義務を有するのではない。言い換えれば、この規定により直接に個々の国民は、国家に対して具体的、現実的にかかる権利を有するものではない」として有罪判決を出しているのです。

■生活保護制度はどう始まったか

二十五条で何が変わったのか

生活保護制度について言えば、この二十五条が規定される前につくられた一九四六年の旧生活保護法は、二十五条ができたことによって大きな変化を必要とされました。旧生活保護法のいちばんの欠点は、権利としての生活保護制度ではなかったことです。とくに大きかったのは、欠格事由があったという点です。素行の不良なものだとか、生計の維持に努めないものとかいう形で、一定の要件に該当すれば、生活保護を給付しないとされていたのです。しかし、憲法体系のもとでつくられた一九五〇年の新生活保護法は、それをあらため、現に生活に困っていれば保護の給付をするという、無差別平等の原理を徹底しました。憲法体系のもとでは、働いていないから、生活保護を利用できないということはできないのです。

ただ新法四条では、「その利用し得る資産、能力その他あらゆるものを、その最低限度の生活の維持のために活用することを要件として行われる」と定めています。稼働能力の活用と言って、一挙手一投足の労を費やせばお金が入ってくるのに仕事をしないという場合は、保護を利用できないとしているのです。その後、これが悪用されて生活保護の抑制に使われているのですが、法そのものは、過去に素行が不良だった、あるいは、刑務所にいたから受給ができないということはありません。現に生活に困っていて、すぐ働ける場所も、所得もなければ、受けられることになっています。

そこから考えると、最近、自民党などで議論されている生活保護を年限で区切る有期制を導入しようという考え方は、明らかに憲法違反です。収入がなく生活に困っていれば利用できるわけですから、有期制などということが出てくるはずがありません。アメリカがこの制度を採用していると言いますが、アメリカには憲法二十五条がありません。アメリカは権利としての生活保護という考え方ではないのです。制度も憲法もまったく違うなかでの議論なのです。

最初からあったバッシングとスティグマ

いずれにしても食糧管理法違反事件判決にあるように、当初から二十五条はまっすぐに権利性がみとめられたわけではありませんでした。生活保護も、制度ができても、たとえば、稼働能力というものを誤解して、若い人（稼働年齢層）は受けられないとか、甚だしい場合は、住民票がなければ受けられないという誤った運用もされました。現在も一部の自民党の議員さんなどは、「真に生活に困っている人が受ける制度」という言い方をしますが、そこでは「真に」ということが、つねに歪められています。働くことができる年齢層だと受けられない、母子家庭なら実家に帰れば良いのだという形で、法律にはない制限を課することによって、権利性を弱めようという攻撃がされていますが、これは当初からあったわけです。

生活保護は、つねに、バッシングやスティグマといわれる恥の烙印《らくいん》、つまり「生活保護を受けるなんて」「国のお世話になるというのは恥ずかしいとは思わないのか」という攻撃にさらされてきましたし、いまもこれが続いています。法律で権利性が書かれてあっても、立法を担った小山進次郎さん（生活保護法をつくった当時の課長）が権利性を認め、生活保護を受けるのは何らはずかしいことではないと言っていても、それが現実の世の中にはじめから受け入れられることにはなりませんでした。むしろ、新法による制度がつくられた直後はかなりの数にのぼった生活保護の受給者は、だんだん減っていくことになりました。もちろん、そこには景気の具合がよくなったという面もありますが、抑制がありました。

日本の生活保護制度のいちばんの問題は捕捉率――ほんとうだったら生活保護を受けられる人が現実にうけている割合――が諸外国に比べてきわめて少ないことにあります。一九九九年に一八・五％（駒村康平、二〇〇三年）、一九九五年～二〇〇一年に一九・七～一六・三％（橘木俊詔ら、二〇〇六年）という調査結果があり、また厚生労働省の国民生活基礎調査（二〇〇七年）では、三二・一％と推計されています（二〇一〇年四月）。いずれにせよ、日本はきわめて低率で、その特徴は、本来生活保護を受けられる人が、ガマンして受けていないこと、窓口で「水際作戦」という規制が行われていることにあります。そういうなかで、生活保護に対するバッシングや偏見が、意図的にしかけられて広がっていったのです。

こうした抑制が行われたいちばんの原因は、再軍備、あるいは軍備の増強でした。朝鮮戦争のもとで、国民生活の充実よりも、軍事費の調達が急がれ、社会保障の充実に向かう余裕がなくなったのです。冒頭で言いましたように、九条の問題と二十五条の問題は裏腹です。その後は、経済発展のために予算を使う必要があるということが優先されるようになりました。二十五条の議論をするときは、かならず平和の問題、どういう国にするのかということが問題になります。多くの国民が幸せになるという国政を選択するのか、そうではなく、トリクルダウンと言われる、大企業を機関車に見立てて、大企業が発展することによって、この国を大きくし、一般の国民はそのおこぼれをもらえばいいというう国にするのかが問われるのです。この二つの要素、大企業中心の経済発展の要素と軍備増強、当初で言えば再軍備の必要性が大きな問題として抑制の大きな背景にありました。

■朝日訴訟が問いかけたもの

「前史」としての患者の権利を守る運動

こうして憲法二十五条がつくられ、新しい生活保護制度がスタートしたものの、その権利性がただちに認められたわけではなく、むしろ社会保障や生活保護の抑制がすすめられるという状況のなかで、一九五七年に朝日訴訟がたたかわれることになりました。そういう意味で、朝日茂さんは、突然あらわれた英雄ではなく、すこぶる歴史的な存在であるわけです。朝日さんは普通の人だったけど、ひじょうに自覚的な方であったことは間違いありません。

朝日訴訟を語るとき、あまりふれられないことに、その「前史」があります。朝日さんの手記が『人間裁判』という本になっていますが（朝日訴訟記念事業実行委員会編、大月書店、二〇〇四年）、私は何度もこの本を読みました。そこには朝日さんが結核療養所に入り、そこで患者自治会を結成し、患者の権利を守る運動にとりくんでいくなかで、社会保障全体の改善運動を求めなければならないという考え方を強くもつようになった経緯が書かれています。

当時、再軍備がすすめられていくもとで、社会保障の切り捨てがすすめられていました。とくに結核対策の医療費は、結核が国民病と言われていましたから、ウエートがとても大きかったのです。政府は、「入退院基準」というものをつくり、一定の症状以下の軽い患者を強制退院させることで社会保障費、医療費の削減を行おうとしたのです。これに対して朝日さんは先頭に立って反対運動をたたかいます。患者自治会の人たちは、「のたれ死にするよりも、県庁で死のう！」のスローガンを掲げ、岡山県庁に押しかけ入退院基準の押しつけ反対と待遇の改善を求めて運動を起こしていったわけです。

つまり、たんに訴訟を起こしたということではなく、全体の社会保障闘争のなかで、朝日さんが訴訟の必要性を考えるようになったということが、朝日訴訟の前史として大事なことではないかと思います。この点は、いまの生活保護裁判、あるいは生活保護の運動に対して示唆的だと思います。

なぜ朝日さんは訴訟を起こしたか

では、なぜ朝日さんは訴訟を起こしたのか。生活保護制度のもとで、当時、結核の入院患者に給付される生活費は、一カ月にわずか六〇〇円でしかありませんでした。にもかかわらず、福祉事務所は「扶養」できる親族はないかと調査を厳しく行っていました。そして、長く音信不通だった朝日さんのお兄さんに連絡をとり、「満州」から引き揚げて間もなく、奥さんと子ども四人を抱えて苦しい生活を送っていたお兄さんに、「あなたの弟さんが、結核で重症なので、民法上あなたには扶養義務があります。月々三〇〇〇円を送金してください。それが無理なら二〇〇〇円ではどうですか」と迫り、最終的に一五〇〇円の仕送り承諾書に捺印させたのです。朝日さんは、そのことをお兄さんからの手紙で知り、お兄さんの愛情に号泣する一方で、あまりにも強引な福祉事務所のやり方に激しい憤りを覚えたそうです。

ところが、これに追い打ちをかけるように、福祉事務所長は、お兄さんからの一五〇〇円の送金を全額収入認定し、生活扶助費、つまり「入院患者の日用品費六〇〇円の支給を打ち切ります」と言ってきました。しかも、残りの九〇〇円についても「入院費の一部負担として負担してください」と、全部召し上げてしまったわけです。朝日さんには、お兄さんが苦しい生活の中から扶養したことによる利益はまったくなく、国庫に取り上げられたにすぎなかったのです。それはひどすぎるのではないかというのが朝日さんの思いでした。

ここには、生活保護の基準が低いということだけではなく、まず扶養の問題がありました。もともと、民法における兄弟姉妹などの扶養義務は、「扶養義務者と同居の家族がその者の社会的地位にふさわしい生活を成り立たせた上でなお余裕があれば援助する義務」であるとされています。お兄さんに一五〇〇円の扶養義務があったとされたこと自体が問題です。にもかかわらず、朝日さんの思いなども無視し、お兄さんに扶養を強制しておきながら、日用品費六〇〇円という著しく低額の生活扶助の支給を全部なくして、しかも医療費を一部負担させる。こんなメチャクチャなことは許せないというのが、朝日さんの怒りの原点です。

生活保護の受給に対し、扶養の問題でのバッシングはいまに通じる問題です。つまり「身内で何とかしなさい」ということです。これは後で話す「日本型福祉社会」の考えそのものです。こうしたなかで、朝日訴訟はやむにやまれず立ち上がった裁判だったのです。しかし、朝日さんでなければみんな泣き寝入りしていたと思います。当時、生活保護を受けている人が、厚生大臣を相手に訴訟を起こすなどということは考えられないことだったのです。「そんなことができるのか」と言われた裁判でした。

人間のあり方自体を問う裁判

朝日さんは訴訟をやろうと考え、当初、地元岡山や中央の有力な弁護士に相談をしたのですが、積極的に賛成する人は少なく、むしろ反対の意見が少なくなかったそうです。「司法といえども国の機関の一端であり、その司法が国のやっている政策の根幹にかかわるような問題について、患者側に有利な判決を出すとはとうてい思えない。訴訟をやることによって悪い判決が出たら、かえってよくないのではないか」というのが反対の理由です。その判断自体はべつにおかしいとは思いません。私が朝日さんに代理人になってくれと言われたら、同じことを言っていたと思います。

朝日さんは、思いあまって、社会党の法律相談部に相談したのです。後に朝日訴訟の主任代理人となる新井章弁護士が所属していた事務所が、いまでは考えられないことですが、当時、社会党の衆議院常任委員会庁舎のなかに分室を構えていたのです。新井さんは弁護士二年目だったのですが、社会党の法律相談部にあった難しい相談を、いわば「廻して」もらっていて、その話を聞いたのです。新井さんは「若かったので、それほど重要で難しい裁判であるとの自覚がなかった。判決の結果どうなるかということもあまり考える余裕もなかった。提訴だけでも国の保護政策に抗議する意義はあると考えた」と謙遜《けんそん》されていますが、「ただ、朝日さんの窮状を放置することは、人間としてできなかったし、何よりも朝日さんの訴えに感動した」と言っておられます。やはりその意義を十分に考え、裁判の見通しがどうであれ、それだけ困っている状況で、当事者が不服申し立てをして裁判をしたいといっているときに、誰もこれに応えないということで弁護士としていいのだろうかということが原点だったと思います。そういう思いで新井さんも応えられて訴訟になったのが、「人間裁判」と言われる裁判だったのです。

朝日訴訟の意義は、法的にいうと生活保護を受給している人が、厚生大臣相手に憲法で保障された権利を初めて行使して、正面から対決した裁判だということです。一九六〇年、一審では、「予算を潤沢にすることによって最低限度以上の水準を保障することは立法政策としては自由であるが、最低限度の水準は決して予算の有無によって決定されるものではなく、むしろこれを指導支配すべきものである」「『健康で文化的な生活水準』は国民の何人にも全的に保障されねばならないものとして観念しなければならないことである。……いかなる生活形体をとるにせよ、その生活自体が健康で文化的な生活といい得る要素をもたねばならないことは明らかである」として、勝訴します。

裁判当時、たんに生活保護を利用している人の運動でなく、結核患者の運動として日本患者同盟もずいぶん応援しました。労働組合がたくさん応援した裁判だったことも特筆されます。全国の労働組合、総評も当初から全面的に応援しました。また、学生や名もない市民が、「こんな生活でいいのか」「悲惨な生活の状況のなかで収入認定してしまうことがいいのか」と共鳴して運動が広がっていったのです。

当時から朝日さんは、生活保護の基準のあり方の議論は、低賃金で働いている労働者の賃金の問題である、貧しい農民・漁民の権利を確立するたたかいであるとはっきり言っていました。たんに生活保護基準をどうするかということではなく、最低賃金闘争とも結びつけることや、中小企業や小規模の経営者に対する国家的な支援も意識しながら訴えていたわけです。だからこそ、昭和三〇年代という時代に、朝日さんの訴えに共鳴して、労働界も動き、当時として画期的な支援の態勢がつくられたし、その結果、一審で勝てたと思います。朝日さんの訴えたこと自体が的を射ていた、本質を突いていたと思います。私は、国民的な運動になったことの背景には、「人間裁判」として、人間のあり方自体を問う裁判であったことが一番大きかったのではないかと思っています。

■高度成長のもとで

社会保障充実の世論と運動のたかまり

その後、高度経済成長のなかで、生活保護裁判の大きな展開は一時なくなります。受給者自体が減っていくわけです。一面として、景気がよくなったということもあったと思います。一方で、生活保護制度も、朝日訴訟の影響で基準自体を根本的に変えなければならないということになっていきます。それまでのマーケットバスケット方式というやり方を変え、一九六一年にまずエンゲル方式が採用されます。

マーケットバスケット方式とは、何が最低生活に必要なのかを、たとえばちり紙は何枚必要か、下着をどれぐらい年間買わなければいけないかを分析し、それを費用としてバスケット（かご）のなかに入れて計算するというもので、マーケット（市場）でバスケットのなかに何を入れて、どういうものを買えるかで生活保護基準を考えるというものでした。するとバスケットの中身が貧相であれば、いつまでたっても保護基準は上がらないということになります。そこでエンゲル方式に変えました。

エンゲル係数（生活費総額に占める飲食物費の割合）を用いて最低生活費を算出する方法で、標準的に栄養を満たすことのできる飲食物費を計算し、エンゲル係数を用いて総生活費を計算し、生活扶助の基準額としたものです。

それも不十分だとされ、一九六五年からは、格差縮小方式が採用されます。これは一般世帯との均衡を重視し、基準を上げていくことによって格差を縮小していこうという考え方です。一般世帯の所得が伸びていけばそれに合わせて生活保護基準も伸び、それによって格差を少なくしていく方向にもっていく。経済発展の恩恵を生活保護基準に反映させようという考え方で、生活保護についても基準がどんどん上がっていきました。

さらに、この六〇年代後半から七〇年代にかけては、革新自治体が増えてきて、老人医療の無料化、医療費の無料、福祉の充実をセールスポイントとしてとりくむ自治体が広がっていきました。

こうした社会保障の充実の世論と運動のたかまりのなかでとりくまれた事件が一九六九年の藤木訴訟でした。この裁判は生活保護の世帯の認定のあり方を問うたものでした。結核で療養所に長期入院中の藤木イキさんが、別居中でしかも他の女性と同棲中の夫からの仕送りが絶えたため、療養所のある地域の福祉事務所に生活保護を申請したところ、離婚していないのであるから、夫婦には同居協力扶助義務があり、夫と同一世帯に属する者とされて、世帯主である夫のいる福祉事務所に申請すべきであるとして却下されたことの取り消しを求めて争った訴訟です。

本当にひどい事件ですが、実際に、当時の生活保護の運用については、世帯の認定を拡大して扶養を広く求めるなどデタラメなことが現場では行われていました。しかし、生活保護制度にかかわっての反撃は十分ではなく、訴訟は、藤木さんが起こしたぐらいの状況だったのです。私が厚生省に入省したのが一九七〇年、保護課の担当になったのが七一年一〇月で、くしくも私は藤木訴訟の国の代理人（被告代理人）になりました（弁護士はたくさんいるけれど、生活保護裁判で、国の代理人と当事者の代理人を両方やった経験がある弁護士は、たぶん私だけです）。

この事件では、藤木さんが勝訴します。判決は一審で確定して、世帯の認定のあり方については運用を改善することになりました。しかし、残念ながら、生活保護制度の運用のデタラメさへの反撃は当時それぐらいで、全体的には違法な運用も陰に陽に行われていました。それでも、生活保護基準が上がっていくなかで、自治体の方もわりあいと緩やかに申請を認めていたというのがこの時期の特徴だったと思います。

「福祉元年」で議論されていたこと

この時期を象徴しているのが、一九七三年が「福祉元年」と呼ばれたことです。私が厚生省にいた三年間の最後の年です。そのとき社会保障関係の予算が飛躍的に増大しましたが、厚生省の予算担当者が大蔵省にいろいろな案を持っていくと、「君たちはいままで予算の制限のなかで考えていたから、こんな貧相な案しか持って来られない。そのようではこれからの世の中についていけないよ。福祉をもっと増やさなければいけない。もっとダイナミックな案を持ってこいよ」と言われたそうです。ただそれは唯一の年で、福祉元年しかなく、二年目はなかったのですが。

社会保障関係費の当初予算が飛躍的に増大するなかで特徴的だったのが、厚生年金の水準を現役労働者の賃金の一定割合＝六〇％に設定し、それを保障するという形で、老後の保障を本格的に年金でやるという方向に踏み込もうとしたことです。国民年金については、年金水準を従来の二・五倍に引き上げ、物価スライド制も導入しました。つまり国民年金の給付額についても、普通に年金保険料を支払っていれば、老後に国民年金で暮らせる年金をめざそうとしたわけです。ヨーロッパ諸国と同じように、日本も本格的に社会保障によって老後を支える態勢をつくろうとしたのです。医療については国民皆保険、医療保険でやる、年金についても、そういう形で老後については支えるという形でやっていこう、ここから先は本格的な社会保障の充実に向かうのだという方針を決めたのです。

この時期に、厚生省社会局の内部でどういう議論があったか。私の経験でふり返っても、生活保護がどうなるのかという展望について、一つは、これからは年金も充実していくし、医療も充実していく、そうすると医療扶助の必要性も少なくなってくるというものでした。高齢者については年金で対応できるし、障害者については障害者福祉を充実すればいい。さらに個別の福祉の問題について、きちんと多様な所得保障が充実していれば、生活保護制度は「解体」され、不要になってくるのではないかという意見です。非常に楽観的な見方の意見でした。

もう一つは「ネガティブ・インカム・タックス」というミルトン・フリードマンが提唱していた議論がありました。いまで言うところの給付つき税額控除制度です。つまり、所得が一定程度を超えれば税金を徴収するが、それ以下の所得の低い人には「負の所得税」としてお金を給付する、だから生活保護はいらないというものです。ベーシックインカムの変形版ということもできるかもしれません。

するとミーンズテスト（資産調査）はいらないわけです。たとえば「この人は車を持っているから、預金があるから生活保護は受けられない」とかいうことはなくなります。厚生省内部で、こうしたネガティブ・インカム・タックスについて議論もしていた時代なのです。

私自身は、所得の低い人全員に資産に関係なく最低限度の生活を満たす十分な金額をネガティブ・インカム・タックスで渡すことになれば、ものすごい財源が必要で、財政上無理ではないかと思っていました。現行の生活保護制度は、いろいろな問題点があるけれど、その給付の充実をはかる。そのなかで、「補足性の原理」――資産があったり、稼働能力が使えるのであればまずそれを使ってから生活保護を受けるという考え方の原理を緩めていって、車を持っていても受けられる、貯金が若干あっても所得さえ少なければ受けられるという形で生活保護制度の充実を図る方法が現実的なのではないかとの意見でした。いずれにしても、社会保障の充実を求める世論と運動の高まりのなかで、そのような議論をいろいろやり、いよいよ日本は本格的な社会保障に移るという方針を打ち出そうとした時期だったのです。

■「日本型福祉社会」とは何だったのか

オイルショックにどう対応したのか

ところが同じ時期、一九七三年に、第一次石油危機（オイルショック）がおこります。図10にあるように、全体的に減少傾向にあった生活保護利用者が、この時期には増加しています。ここから先は貧困化、低成長の時代になっていったのです。そこで、低所得者対策をとらなければいけないということになりました。ここで注目してほしいのは、この当時、石油ショックのなかで、生活保護基準の引き上げを行っていることです。オイルショックで物価が上がっていることに対応し、低所得者対策の充実という方針をとったのでした。たしかに、減っていた生活保護を利用する人が増えています。しかし、それは、石油危機のなかで景気が後退したためにおこったことです。ですから、生活保護費の基準を上げるだけでなく、社会福祉施設などの運営費を大幅に増額するなど福祉を充実することによって対応しようとしました。本格的に福祉を充実させるということで、特別福祉手当をつくって障害者対策を充実させようということも、一九七四年という苦しい状況のなかでもやっているのです。

図9　被保護世帯数、被保護人員、保護率の年次推移

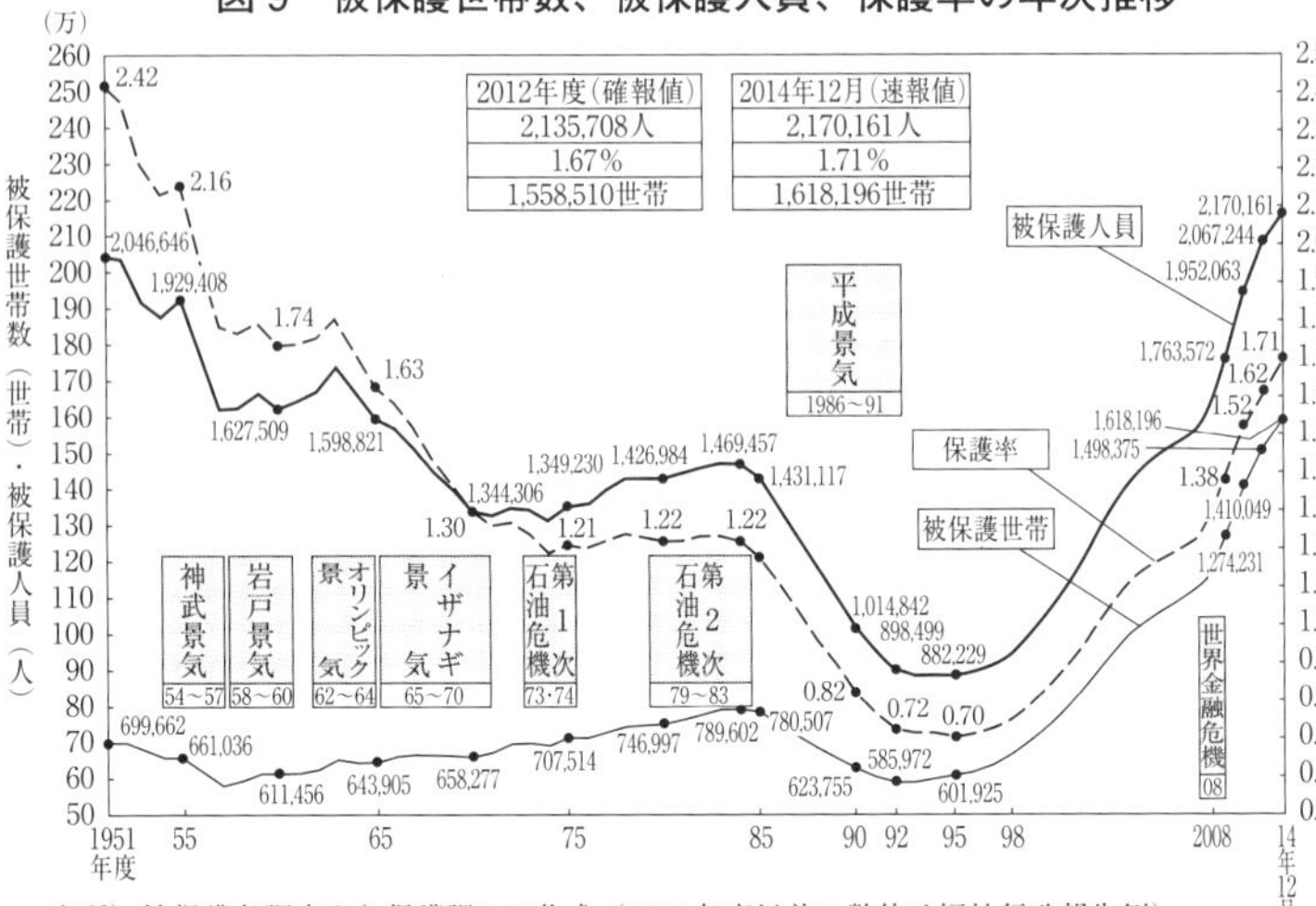

出所）被保護者調査より保護課にて作成（2011年度以前の数値は福祉行政報告例）。

雇用保険の関係も、一九七五年ころに充実をすすめ、短期雇用の特例被保険者のような制度もつくっています。だからこそ、当時の日本は、オイルショックを乗り越えることができたのです。

ところが、いまの政府のやっていることはまったく違います。深刻な景気後退状況のなかで、生活保護基準を引き下げて給付費を減らそうとしています。介護などの費用についても、「第三の矢」で方針としては介護の充実を行うとしながらも、実際には介護報酬を引き下げています。

しかし、当時、そういう福祉の充実がすすめられたことに対し、七〇年代後半からは、「財政赤字」を口実に、「福祉見直し論」が出てくることになるわけです。

社会保障切り捨てへの転換

そこで出てきたのが「日本型福祉社会論」です。

私は、この「論」が出てきたときには、まさに、「『おい、おい』、こんなのが何で出てきたのだ。いったい何を考えているのだ」と思いました。

日本型福祉社会とは、社会保障の支出費を少なくしようということにほかなりません。それは日本の社会に合った福祉にしようということです。福祉にはお金は出さない、本格的な社会保障はやらない。現役世代の所得保障は企業に任せる。高齢者になったときの給付の財源も企業にお願いし、年金の額は企業からの給与所得に合わせる。政府の方で補助の割合を増やしたり強化することはしない。すると国民年金は企業の負担分がないため、充実はできないことになるわけです。

さらに家計が足りなくなれば奥さんがパートで家計補助的な低賃金の非正規労働に従事する。女性の労働はパートで、低賃金で、税金がかからない範囲でいい、メーンは男性が正規労働者で企業から年功序列型賃金でもらっていって生活を支える――それが「日本型」だというわけです。宮本太郎さんは、『生活保障』（岩波新書、二〇〇九年）のなかでこれを「仕切られた生活保障」と表現していますが、生活保障が、企業なり、いろいろな分野ごとなりに仕切られてしまっている。福祉元年には、すべての人に年金を保障し、老後は生活保護に頼らなくても暮らしていける制度設計をしようとしたのですが、それをここで放棄してしまったわけです。社会保障には頼るな、それが日本型福祉社会論なのです。

ここで基本的に社会保障の転換が図られて、政府はいわゆる「国の責任で社会保障の確立を図る」という考え方は捨てたと考えていいと思います。それは「日本型」で解決しよう、企業なり、地域・家族の力によって支えてもらって、国はより狭い範囲でしか保障しませんとしたわけです。しかし、それは「日本型」と言うよりも、「発展途上国型」の社会保障です。つまり「幼稚な」社会保障の制度なのです。そこに先祖返りしてしまったのです。

この社会保障切り捨てを国民に説得するために何が行われたのか。たとえば生活保護については、また使い古した手が使われました。バッシング、スティグマを利用するということです。一九八〇年には「不正受給が異常にある」ということが散々とりあげられました。しかし、それは以前からあったもので、急に増えたわけではなかったのですが、「生活保護で不正受給が蔓延している」「暴力団が不正受給をしている」というスティグマを広げて、翌八一年には、「社保123号通達」――「生活保護の適正実施の推進について」を出し、「生活保護を受けるときには預貯金調査もやってください」「あらゆる調査をされても異議ありません」という同意書をとって、それを拒否すれば保護が受けられないということまで行われました。さらに八二年には、老人保健法が成立し、老人医療の無料化制度が廃止される。八四年には、被用者保険では、それまでは少なくとも本人は投薬時に一部負担があったりしたこともありましたが、基本的に無料であったものが、一割の一部負担が導入されていったのです。

■転換は何をもたらしたのか

何が『下流老人』をつくり出したのか

そして、その後、貧困が急速にひろがるうえで大きな意味をもったのが、一九八五年の国民年金法の「改正」だったと思います。ここでは、基礎年金制度の導入とともに、「給付と負担の適正化」という名で国民年金額の引き下げが行われました。これで「老後に対応する充実した年金制度」という方向は完全に放棄されたわけです。藤田孝典さんの書いた『下流老人』（朝日新書、二〇一五年）がいまベストセラーになり、少なくない高齢者が生活保護に陥らざるをえないということが話題となっていますが、この一九八五年に、政策的にはそういう状況を選択してしまっているわけです。この引き下げは、年金で老後の生活を全部まかなうということはやらない、年金の給付水準は生活保護水準よりも下がってもしょうがないという判断に立っていたわけです。

にもかかわらず、「四〇年も年金保険料をかけて、給付額が生活保護水準を下回るのはおかしいじゃないか」「だから生活保護水準を下げろ」などと言う政治家がいます。こんなおかしなことはありません。そもそも、国がそういう制度設計にしているのです。もともと国民年金の給付水準は、国民皆年金化のときに、生活保護給付基準の四級地の単身世帯の給付基準に合わせたわけです。もっとも低い級地の一人世帯の給付に合わせて国民年金額を決めているのです。一時、上がったころもあったけれど、その後引き下げているわけですから、生活保護基準より年金水準が低いのは当たり前として制度設計されてきたのです。そういう政策をずっととってきたわけです。本来であれば、年金保険料を払っているのだったら、生活保護基準を上回る年金給付をしなければおかしいと私は思います。そうした政策そのものが問われなければいけないはずです。給付される金額が生活保護を下回っているから、保険料を払わない方がましという制度をつくっておいて、「だから生活保護を下げなければ」などという主張がまかり通っているということ自体が、政治家は何を議論しているのだと思います。

その後、一九八七年には、国民年金の給付月額が五万円に決定されます。野党はこのとき「基礎年金は生活保護基準を上回らなければならない」という正当な要求をしています。しかし、政府はこれを拒否しています。こうして生活保護を下回る基準でいいということにしてしまったのです。日本型福祉社会という方向で、社会保障を北欧型にせずに、守備範囲を少なくして、足りないところは企業と地域、あるいは家族で保障しようという方針をとってしまったときが日本の社会保障にとって大きな転機だったと私は思います。

日本型福祉社会自体の否定

そして、二〇〇〇年代に入り、貧困が餓死や自殺の増大という形で表出するようになっていく契機となったのが、一九八六年に制定された労働者派遣法です。派遣制度が導入された当初は一定の限られた職種だけだったものが、九九年の対象職種のネガティブリスト化を契機に大きく広がります。いまでは非正規雇用が一般化し、勤労者の四割を超える状況になっています。こうして正規労働者の約六〇％の収入しかないといわれる低賃金労働者をどんどんつくり出していく。企業が人件費も社会保障の費用もフレキシブルに、そして、少額しか負担しないことになります。これでは日本型福祉社会自体がもたないわけです。

非正規労働者は、厚生年金に入らずに、国民年金に入るのが実態です。医療保険も、非正規労働者は国保に入れというわけです。すると本来、日本型福祉社会では、労働者は、企業が企業の収益で一定負担する厚生年金で一定の年金が保障されたはずだったのが、そこから外されることになります。非正規労働者となった人は一生非正規労働者、年をとったら生活保護を下回る年金しか受けられないようなシステムになっています。とくにリーマンショック以降の雇用の崩壊のもとで、日本型福祉社会自体を放棄してしまうということになったのです。

社会保障支出を小さくしたものの、その日本の福祉を支えていたはずの日本型福祉社会自体を否定したわけです。社会保障への支出と企業の負担、この二つの要素がともになくなって、どうなったのか。恐るべき餓死者とか自殺者の増大です。自殺者は年間三万人以上が常態化しています。餓死する人が年間六〇人を超えるという事態になってしまっているわけです。しかも、単身の餓死者ではなく、家族、二人以上の世帯でも餓死者がでる。共連れで亡くなるという事態がおきているのです。地域福祉自体が崩壊している状況になったわけです。

餓死・孤立死が頻発する事態に

二〇一二年一月には札幌の白石区で姉妹孤立死事件がおきました。この年、餓死・孤立死が頻発する異常な事態となり、新聞報道で確認されただけでも、一月〜四月の間で一二件にのぼりました。私たちは、この国の社会保障が深刻な状態になっていて、生活保護の復権と社会保障充実のための大運動をやらなければいけないと思い、「全国『餓死』『孤立死』問題調査団」（団長・井上英夫金沢大学教授＝当時）も組織して、とりくみました。

ところが、これに対し、人気お笑いタレントの母親の生活保護受給を週刊誌が報じたことを契機に、生活保護制度と制度利用者全体に対する大バッシングがなされます。それは私たちの予想を超えた攻撃で、その先頭に立ったのが、自民党の生活保護プロジェクトチームでした。「生活保護を受けている人は恵まれている」「基準が高すぎる」「扶養してくれる人がいるのに不正受給をやっている」といった攻撃がくり返されました。不正受給でも何でもない事件について「不正受給をやっている」として、「年金よりも生活保護基準が高い」「生活保護基準を下げなければならない」という主張がなされる。たしかに、フルタイムで働いた人の所得よりも生活保護基準が高いのは問題です。ですから本来、最低賃金を上げろという話になるべきものが、生活保護基準を下げろという主張になり、マスコミもいっせいにそれに乗ってしまい、生活保護の後退につながっていきました。

それだけで終わりません。財政状況の厳しさを口実に、生活保護の後退をテコにして、社会保障全体を後退させる法律がつくられました。それが冒頭のべた社会保障制度改革推進法でした。消費増税分を社会保障に回すとしながらも、現在の財政状況のもとでは社会保障は基本的に自助努力で行ってもらうとし、生活保護基準の引き下げ、医療については自己負担の強化、年金の給付水準の見直しなど社会保障全体を切り捨てる方向を鮮明にしました。

当時、あの法案を通したのは民主党政権です。民主党はいま、自公政権が行っている社会保障切捨てについて批判していますが、当時の民主党にも半分責任があります。政権末期にあんな選択をしてしまったからです。あのとき、もし民主党が「何をいっているのだ、私たちはマニフェストにもとづいて福祉の充実をやるのだ」と主張、行動していれば、こんなことにはならなかったし、民主党に対し、これだけ失望も広がらなかったと思います。そこで自公と談合し、「消費増税をやります、社会保障を切り下げます」と決めてしまったことが大きな誤りだったのです。

■攻撃にどう抗したのか

生健会、ホームレス支援のとりくみ

こうした生活保護攻撃、社会保障の切り捨て攻撃に対し、国民のほうは一方的にやられていたわけではありませんでした。オイルショック以降貧困化が進みはじめましたが、一方でその時代は、「もう日本には貧困がない」と言われた時代でもあり、「一億総中流」などという言葉もあった時代でしたが、粘り強い運動がありました。その後のバブルのときも同じです。そういう時代に、生活保護を利用している人たちの運動団体は、きちんと運動していたのです。なかでも、私は、全生連（全国生活と健康を守る会連合会）や各地の生健会（生活と健康を守る会）のはたした役割を高く評価したいと思います。大変な思いをしている貧困層を支え、逆風が吹くなかでもずっと貧困層の生活相談にのってきた全生連の人たちの活動は本当に頭が下がる思いです。

もう一つの運動団体の流れとしては、ホームレス支援にとりくんでいたさまざまなグループがあります。ホームレスと言われている人は、無差別・平等の原理の法律がありながら、「働ける年齢層

だ」「好きでやっている」などという偏見で、生活保護から排除されていました。その人たちを支援しながら、生活保護適用を求めるたたかいをしてきました。私たちもその一環でやっていたわけですが、このように着実に運動をしていたグループがあったのです。底辺の人を支える運動はそんなに柔なものではなかったということは、特筆すべきだと思います。

生活保護裁判の「第三の波」

そして、弁護士中心に個別に具体的な問題が発生すれば、裁判がとりくまれていました。そういうなかで生活保護裁判「第三の波」といわれる裁判が続きます。生活保護費と障害年金から生活費を切り詰めて行った貯蓄を収入認定して保護費を減額したことは違法として訴えた加藤訴訟（一九九〇年提訴）。高校進学のため積み立てた学資保険を福祉事務所が収入とみなし生活保護費を減額したのは違法として訴えた中嶋訴訟（一九九一年提訴）、障害者扶養共済年金を生活保護の収入とすることは障害者扶養共済制度の性格からして違法であると訴えた高訴訟（一九九五年提訴）などがたたかわれ、勝訴してきたわけです。「稼働能力の活用」が問題とされたことに関連してみても、日雇い労働者として働いていた林義勝さんは、不況と足の痙攣《けいれん》などで就労がままならず、収入がなくなったため野宿生活を余儀なくされ、保護の受給を申請したが、福祉事務所が「稼働能力の不活用であり生活保護の受給要件に欠ける」として生活扶助を認めなかったことの違法を訴えました（林訴訟・一九九四年提訴）。この訴訟は、一審勝訴のあと、最終的には敗訴しましたが、ホームレスと言われる人たちについての制度運用のあり方を問うた裁判として、内容としては勝った裁判でした。こうした裁判について、私たちも丁寧にフォローして支えてきたつもりです。

しかし、裁判の勝利は、個別事例の救済になり、その範囲内での若干の制度改善があるというものの、社会保障全体が後退していくなかでは、裁判だけではダメだ、より広い国民運動を生活保護問題では起こさなければいけないと考えて、私たちは二〇〇七年六月に生活保護問題対策全国会議を組織したのです。弁護士や司法書士など、いままで裁判を担当し、生活保護の支援をおこなっていたグループが中心になり、当事者の人もいっしょになって、生活保護とはどういう制度なのかをPRすることや、裁判だけでなく申請同行をしたりするなかで個別のいろいろな問題についても具体的に解決を図っていくなど、より質的に豊かな運動を展開することを目的としていました。これが運動にとっては一つの転機になったと自負はしています。

全国会議が最初にとりくんだのが二〇〇七年の北九州餓死事件の実態調査です。これは、北九州市で生活保護の「辞退届」を出すことを強要され保護が打ち切られた男性が餓死状態で発見されたという問題ですが、北九州市では生活保護の「適正化」の名のもとに、申請の際の水際作戦のみならず、辞退届による停廃止などで、生活保護の抑制が強力にすすめられて、二〇〇六年から三年連続で餓死者が出るなど異常な事態となっていました。私たちの告発に、その後、北九州市ではだいぶ改善がなされ、また全国的にも、生活に困窮していれば生活保護の申請はできるという「申請権の確立」がすすみました。生活保護受給の推移の図（一七八ページの図9）を見ていただけば、近年、急激に保護の利用者が増加していることがわかりますが、率直に言ってこれだけ増加したのは、こうしたとりくみのなかで、生活保護申請が権利であるということが少しずつ浸透してきたし、もし拒否されれば、支援のとりくみがあり、困ったらきちんと生活保護を申請するという態勢ができたからだと思います。私たちの運動の成果だと思うのです。私たちの運動がなかったらいったいどうなっていただろうと思います。

たたかいの成果と教訓

こうしたたたかいのなかで、現在たしかに生活保護をめぐって厳しい状況にありますが、確信をもつべき成果と教訓が私たちにはあると思います。そのひとつが、朝日訴訟の時代と比べても顕著な運動の幅の広がりです。朝日さんはたった一人のたたかいでした。しかし、いまは、二〇一三年からの生活扶助費の引き下げ関係の訴訟は原告八五〇人、全国二六地裁でたたかわれています。朝日訴訟は東京地裁一カ所でしか裁判を起こせなかったのです。弁護団も当初四人しかいなかったのが、いまは全国で数百人の弁護士が代理人になってとりくんでいます。少なくても司法における運動は、朝日さんの時代と比べものにならないように広がっています。

また、いろいろな課題があるとはいえ、生活保護の問題は、じつは利用している人だけの問題ではなく、利用している人たちを支える人たちの問題でもある、連帯してたたかう人たちがいるのだということが広がってきています。その代表的な例が年金で裁判が同じようになされていることです。生活保護基準が下げられれば年金制度の基準も下がるということがわかってきたわけです。年金の引き下げの問題と生活保護の問題はいっしょにたたかわなければならないことが、ようやく広がってきました。最低賃金の問題も同じです。低賃金労働者の問題と生活保護基準の引き下げ反対運動とは連動しているということがわかってきたのです。それだけでなく、生活保護基準が下がると就学援助の制度も後退するのだということもわかってきた。いままでは「生活保護を利用している人は特権を享受している」とバッシングする立場だった生活保護より少し上のボーダーライン階層の人が、生活保護を利用している人たちと連帯して運動しなければいけないと、意識が転換されてきつつあるのです。運動の質的な転換が図られようとしています。

先日（二〇一五年一〇月）の、「10・28 生活保護アクションin日比谷 25条大集会」は四〇〇〇人が集う、そういう集会として成功しました。障がいをもっている人たち、低賃金の労働者、非正規の労働者、年金を受けている人、いろんな立場の人たちがいっしょになって「生活保護を守ることこそ、われわれの生活を守るたたかいなのだ」とはっきりいって、いっしょにたたかえる運動が大きく広がってきたのです。生活保護を先頭にして、年金、医療、介護、あらゆる面について社会保障制度改革推進法で崩壊に導こうとしているものの正体がわかってきました。

だから私はまったく悲観していません。今後も、運動が広がっていくだろうと思っています。私は公害事件にもかかわっています。公害事件では、「公害運動総行動デー」というものをつくって、いろいろな公害患者がいっしょになって省庁交渉をやるなかで「公害問題の解決をはかれ」という運動をすすめました。日比谷の集会を一つの転機にして、貧困問題の解決も「総行動デー」のようなものをつくって、もっと広げていかなければいけないと思っています。そういう組織をつくろうと思います。

■今後の課題と展望

深刻化する「貧困」

二〇一三年から三年連続で生活扶助基準の引き下げが行われました。削減幅は、平均で六・五％、最大一〇％で、総額六七〇億円にのぼります。それだけではなく、生活保護法の「改正」も強行され、生活保護申請に原則書面が必要であるという法改悪がなされ、生活保護利用者・申請者の扶養義務者に対する調査権限の強化が行われています。医療給付の関係では、後発医薬品の使用が事実上強制されようとしています。二〇一五年七月からは住宅扶助の基準の引き下げが行われ、一一月からは冬季加算の引き下げがされています。次から次へと生活保護への攻撃が続き、最終的には「有期保護」（期間を限定した保護）にしようというのだと思います。

しかし、「貧困」はますます深刻化する一方です。生活保護利用者の数は、一九九五年に八八万二二二九人だったものが、二〇〇〇年に一〇七万二二四一人となり、二〇一〇年には一九五万二〇六三人、二〇一一年七月に二〇五万〇四九五人と現行制度発足以来最多数となり、二〇一五年一一月の時点で、二一六万四三七五人にのぼっています。

「餓死」「孤立死」も相次いでいます。二〇一二年の札幌の事件以後も、二〇一三年五月には、大阪北区のマンションで、二八歳の母親と三歳の息子が餓死、一一月に大阪市東淀川区の集合住宅の一室で三一歳の女性が餓死、二〇一四年九月、千葉県銚子市の県営住宅から家賃滞納で立ち退き強制執行日に、四三歳の母親が一三歳の長女の首を絞めて殺害、二〇一五年八月には、京都市右京区で、四〇歳代の姉弟の死亡事件などなど。子ども、高齢者、母子家庭など各層に貧困が広がっています。

二〇一五年一一月にも、埼玉県で四七歳の女性が認知症の母と病気の父を車に乗せて無理心中を図った悲惨な事件がありました。介護の負担に耐えきれなかったうえでの事件のようですが、生活保護と介護サービスの申請中であったらしく、社会保障の「チカラ」が大きく衰退して深刻な事態になっていることを象徴する事件です。

生活保護の「チカラ」の発揮を

こうしたもとで、なぜこれだけ生活保護利用者が攻撃されなければいけないのでしょうか。それは国民に生活保護の重要性がまだまだ理解されていないからだと思います。まず、「貧困」の現場でどういう事態が起きているのかを一つひとつ明らかにして、「こんな生活でいいのか」ということを共有していかなければなりません。生活の実態、貧困の実態をもっと知らせるということです。

もう一つは、貧困の一つひとつの実態、攻撃の一つひとつについて、丁寧にフォローして反撃していくことが必要です。とりくみをもっと広げて、いろいろな相談体制・窓口を広げていかなければいけません。

そして、社会保障全体に対する攻撃、あるいは労働に対する攻撃でもあるわけですから、障がいをもつ人たち、非正規労働者の人たちや年金を受給している人たちとか、医療の負担に困っていて、国民健康保険の保険料を払えない状況の人たち、あるいは就学援助を受けている人たちなど、いろいろな制度の利用者、いろいろな立場の人たちと、きちんと何に問題があるのかを明らかにしながら連帯し、ともに「底上げ」していく活動を強めていかなければいけません。

そして何よりも生活保護制度そのものの力を発揮することです。私たちがとりくんでいることに、「捕捉率をもっと上げよう、もっと生活保護を利用しよう」というキャンペーンがあります。日本の生活保護の一番の特徴は、捕捉率が少ないことなので、もっともっと利用すべきなのです。生活保護はこういう制度で、こういう場合に利用できるということを、もっともっと広げなければならないと思います。こうしたなかで、基準引き下げ違憲裁判の勝利をめざすとりくみを全国展開しなければいけないと考えています。

9　生活扶助基準引き下げの問題点

森田基彦

■生活扶助基準引き下げについて

二〇一三年八月の生活扶助基準の引き下げ

二〇一三年一月三一日、厚生労働省は、第一五回社会保障審議会にて、生活扶助基準を見直し、三年間で三回にわけて、約六七〇億円の保護費を削減すること、及び、期末一時扶助について同年一二月分のみで約七〇億円の保護費を削減する方針を公表しました。

この方針に基づき、二〇一三年八月一日より生活保護費が引き下げられました。

引き下げの内容

厚生労働省は、今回の生活保護費引き下げの内容を、「ゆがみ調整分」――すなわち、低所得層との比較均衡を理由とする減額分として総額九〇億円、ならびに、「デフレ調整分」――物価が下落傾向にあること（デフレ論）を理由とする減額分として総額五八〇億円、であると説明しています。

その結果、被保護世帯平均六・五％（期末一時扶助七〇億円の減額を加えれば七・四％）、最大一〇％の生活保護費が削減されることになります。また、一部の高齢者世帯を除く、全被保護世帯の九六％が削減の対象となります（二〇一四年四月分は、引き下げ分の減額とあわせて、消費増税分〈それまでの五％が八％に引き上げられた〉にともなう調整が行われましたが、消費増税に伴う調整は実質的な購買力を増加させるわけではありません）。

過去の生活扶助基準の引き下げ幅である、二〇〇三年の〇・九％、及び、二〇〇四年の〇・二％と比較すれば、今回の引き下げが、過去に例のない大幅削減であることがわかります。

引き下げの影響

新しい基準は、世帯人数が多いほど（その多くは子どものいる世帯）引き下げ幅・率が大きい計算方法を採用しています。例えば、モデルケースとして大都市部の中高生のいる四人世帯（四五歳、四〇歳、一七歳、一四歳）の基準生活費は、引き下げ前は二一万五七三〇円でしたが、引き下げ後は一九万四一六〇円となり、二万一五七〇円、一〇％の引き下げとなります。同じく母子三人世帯（三三歳、一二歳、八歳）では、一七万四六四〇円から一五万七一八〇円に引き下げられました（一万七四六〇円、一〇％の引き下げ）。私も、後述の取消訴訟に関わる中で、母子世帯の母親にお話を伺う機会がありましたが、子どもに満足な食事を与えられない、もはや削るところがないとの悲痛の声をうかがっています。国は、一方で子どもの貧困対策法を制定しておきながら、他方で子どもに最低限の生活を保障する生活保護の基準を引き下げているのであり、子どもの貧困対策に真剣に取り組む姿勢にも疑義がもたれるところです。

また、生活扶助基準の引き下げは、生活保護受給世帯にのみ影響をあたえるものではありません。生活扶助基準は、地方税の非課税基準（これと連動する保育料、医療費の自己負担限度額、介護保険の自己負担限度額等）、国民健康保険料・一部負担金の減免、就学援助等（児童入所施設の徴収金、私立高校等授業料減免）など、多くの制度の減免基準と連動しています。したがって、これらの減免措置を受けていた世帯が、今後、減免措置を受けられなくなる可能性があります。

また、生活扶助基準の引き下げが、最低賃金額に、事実上の影響を及ぼすことが指摘されています。生活保護基準が下がれば、連動してこれらの低所得者施策の基準も下がり、生活保護を利用していない多くの人たちも不利益を受けることになるのです。この意味で、生活保護基準の問題は受給者のみの問題ではないと位置づけられます。

疑わしい引き下げの根拠

しかしながら、はたして、今回の生活扶助基準の引き下げは合理的な根拠にもとづくものでしょうか。

生活扶助基準は、「最低限度の生活の需要を満たすに十分なものであつて、且つ、これをこえないものでなければならない」（生活保護法第八条二項）のですから、これを減額することは、旧基準においてすでに最低限度の生活を送っている生活保護受給者に対し、生活費の切りつめを求めることに他なりません。したがって、仮に保護費を減額するにしろ、十分な根拠と合理性が示されなくてはなりません。

本稿では、①基準引き下げに至った経緯、②歪み調整分の問題点、ならびに③デフレ調整分の根拠となった、「生活扶助相当ＣＰＩ」の問題点を報告します。

■基準引き下げに至った経緯

貧困の拡大と生活保護利用者の増加

(1)　生活保護利用者の増加

二〇〇九年の民主党への政権交代当初、鳩山政権は、「コンクリートから人へ」というスローガンの通り、生活保護制度についても、同年三月に廃止された母子加算を同年一二月から復活させ、子ども手当相当額（一万三〇〇〇円）を生活保護利用世帯にも上乗せし（児童手当加算）、自民党政権時に改悪されていた通院移送費に関する局長通知を改善するなど、抑制ではなく充実の方向性をもっていました。

しかしながら、雇用不安に歯止めがかけられず、求職者支援法や住宅手当等の効果も上がらず、低年金高齢者の放置など生活保護に至る要因に効果的な対策が講じられないまま、生活保護利用者は増え続けました。

ここで、「格差社会」といわれる日本の貧困について、世帯構成ごとに数字を上げて説明します。二〇一五年三月の生活保護利用世帯の世帯構成の割合は、高齢者世帯四七・五％、母子世帯六・八％、障害者・傷病者世帯二八・三％、その他世帯一七・四％です（二〇一五年三月九日付厚生労働省社会・援護局関係主管課長会議資料）。

(2) 高齢者世帯の特質と背景

全生活保護利用世帯において「高齢者世帯」が占める割合は、現行生活保護法施行後間もない一九五七（昭和三二）年で二〇・一％であったものが、生活保護利用者数・利用世帯数とも過去最少であった一九九五年には四二・三％と倍増し、直近の二〇一四年一二月（速報値）で四七・五％となってさらに増えています。高齢者世帯の構成割合は一貫して増加傾向にあり、制度発足直後から見ると優に二倍以上となっていることがわかります。

また、生活保護を利用している年齢層の推移をみると、高齢者の割合が増加している傾向が顕著であり、一九八〇年には、六〇歳以上の生活保護の利用者の割合は二七・二％であったものが、二〇一二年度には五二・一％となっています。すなわち、約三〇年の間に、被保護人員のうち六〇歳以上の者が倍増し、全体の半数以上を占めるに至っています。

ここで、二〇一四年度の高齢者人口は推計三二九六万人、総人口に占める割合は二五・九％です。二〇一三年度末の国民年金受給者は約三一四〇万人ですがそのうち厚生年金保険の受給権がなく老齢基礎年金だけの受給者は一〇二三万人でありその平均月額は五万円以下です（厚生労働省「平成二五年厚生年金保険・国民年金事業の概況」）。また、無年金者と無年金見込者の合計は一一八万人とされています。これらの数字からは、高齢者の生活保護利用者の増加は、年金制度による生活保障機能が不十分であることの当然の帰結であるということがいえます。

(3) 障害者・傷病者世帯の特質と背景

全生活保護利用世帯において「障害者・傷病者世帯」が占める割合は、同世帯のデータ公表が始まった一九六五（昭和四〇）年で二九・四％でしたが、一九六九年に四六％となったのをピークに逓減傾向にあり、直近の二〇一四年一二月（速報値）で二八・四％となっています。

二〇〇三年厚生労働省「障害者の生活状況に関する調査結果」によれば、身体障害を有する二〇歳以上の者の年収は、年金を受給している場合でも、一〇〇万円未満が二三・五％、一〇〇万～一五〇万円未満が一六％、一五〇万～二〇〇万円未満が一四・三％であり、全体の五三・八％が二〇〇万円未満の年収しかありません。年金を受給していない場合には、五〇万円未満が三七・九％、五〇万～一〇〇万円未満が一二・一％であり、半数が一〇〇万円に満たない水準の年収にあって、年収二〇〇万円未満は、六六・二％に達します。年金を受給している場合でも二・八％、年金を受給していない場合には八・六％が生活保護を受給して生計を維持しています。

また精神障害者の場合、その所得月額は、年金を受給している場合、五〇〇〇円未満が三・二％、五〇〇〇円～一万円未満が一％、一万円～五万円未満が一一・四％、一〇万円未満が六〇・三％であり、四分の三以上（七五・九％）が一〇万円未満の所得しか得られていません。障害の程度が比較的軽いと思われる年金無しの場合でも、五〇〇〇円未満が二一・五％、五〇〇〇円～一万円未満が三・九％、一万円～五万円未満が一七・五％、五万円～一〇万円未満が二一％であり、六三・九％が一〇万円未満の所得しか得られていません。

精神障害者については、生計維持の方法や生活保護利用に関するデータは公表されていませんが、上記の収入状況からすると身体障害者以上に生活保護の利用割合が高いことが推測されます。

被保護世帯のうち「障害者・傷病者世帯」に属する人々や障害・傷病を有する生活保護利用者は、その身体的・精神的疾病や障害ゆえに、働いて収入を得ることが困難な状況にあります。しかし、日本では、障害年金や傷病手当などの公的給付の内容が不十分であるため、その当然の帰結として、生存を維持するためには生活保護を利用せざるを得ません。このような「障害者・傷病者世帯」に属する人々や障害・傷病を有する生活保護利用者が、就労等の自助努力によって生活保護基準以上の収入を得ることは著しく困難であり、生活保護基準の引き下げは、その生活の質の低下に直結し、深刻な影響を与えることになります。

(4) 母子世帯の特質と背景

全生活保護利用世帯において「母子世帯」が占める割合は、一九五七（昭和三二）年では一五・八％であったものが、生活保護利用者数・利用世帯数とも過去最少であった一九九五年には八・七％と半減し、直近の二〇一四年一二月（速報値）で六・八％となっていて逓減傾向にあります。

母子世帯は、「働いていないから貧しいのではないか」という意見はまったくの誤解です。日本の母子世帯の就労率は世界的にみても非常に高く、二〇〇六年調査では八四・六％、二〇一一年調査でも八〇・六％が現に働いています（厚生労働省「平成二三年度全国母子世帯等調査結果報告」）。また、就業していない人のうち「就職したい」と考えている人は八八・七％に達し、その就労意欲は極めて高いものといえます。

しかしながら、就業している母親のうち、正規雇用は三九・六％にとどまり、四七・四％がパート・アルバイト、四・七％が派遣社員と、非正規労働が就業形態の半数以上を占めています。パート・アルバイト等による年間就労収入は平均でもわずか一二五万円程度と低く、この雇用形態が収入の低さに直結しています。

二〇一〇年の母子世帯の母の平均年間収入（生活保護給付、児童扶養手当等の社会保障給付、養育費等を含む）は二二三万円、母自身の平均年間就労収入は一八一万円です。年間就労収入の構成割合を見ると、一〇〇万円未満が二八・六％、一〇〇万円〜二〇〇万円未満が三五・四％であり、年間就労収入が二〇〇万円に満たない母子世帯が六四％も存在します。

このように、厳しい生活状況にある約七六万人の同居者のいない母子世帯のうち、被保護母子世帯は一〇万九二五〇世帯（二〇一四年一二月速報値）であって、わずか一四・三％に過ぎず、厚生労働省の資料によっても、母子世帯のうち生活保護を利用する母子世帯は約一割とされています。

母子世帯の生活状況が極めて厳しいにもかかわらず、生活保護を利用する母子世帯の割合が低い理由としては、①生活保護を利用することに対するスティグマ（恥の烙印《らくいん》、偏見）が強いこと、②仕事、子どもの送迎、通院等の必要上、自動車が不可欠なため自動車保有に制限のある生活保護の利用を躊躇《ちゅうちょ》すること、③親やきょうだい等の関係が断絶しているため扶養照会のある生活保護の利用を躊躇すること、④違法な水際作戦の被害に遭っていること、などが考えられます。こうした高いハードルを越えて生活保護の利用に至った約一割の被保護母子世帯は、一般母子世帯の中でも多重または特別の困難を抱えた人々であることが容易に推測されるところです。

特に、今般の生活扶助基準引き下げでは、特に母子世帯を含む多人数世帯での引き下げ額が大きくなっています。そして、多子世帯での大幅な生活扶助額の引き下げは、親の世代のみならず、むしろ子どもたちの現在及び将来の生活に大きな影響を与えることになります。

⑸ 小括

二〇一一年七月には、生活保護利用者は二〇五万人を突破して現行制度史上最多を更新し、その後も増加傾向にあります。これは、生活困窮者、低年金高齢者を生み出す社会構造が変革されない状況で、貧困者を受け止める制度が生活保護以外にないことに起因しているといえます。

このような背景事情があるにもかかわらず、今回の生活保護基準の引き下げが断行されました。以下、政策決定過程を見ていきます。

自民党「生活保護に関するプロジェクトチーム」の設置

二〇一二年三月一日、当時野党であった自民党は、生活保護給付の削減を目指し、「生活保護に関するプロジェクトチーム」を設置しました。このプロジェクトチームの座長である世耕弘成参議院議員は、二〇一二年四月一〇日付の自身のブログの中で「有識者ヒアリングや四人に一人が生活保護受給者となっている大阪市西成区の視察を経て、ＰＴで集中的に議論した結果、生活保護に対する自民党の方針が固まった。まず、給付水準を一〇％程度は引き下げたい。……また生活保護に頼らず頑張った場合に受け取れる最低賃金と比較しても生活保護の方が高くなっている。現在の経済情勢に合わせて給付水準は引き下げられるべきであろう」と述べています。ここでは、一〇％という削減目標が具体的に上がっていますが、その理由は、「一般的な年収の低下」が挙げられている程度で、生活保護受給者の生活水準を厳密に考察した結果ではありません。すなわち、大雑把に削減目標を提示したものと考えられます。

また、このころ、生活保護費が財政を圧迫している、不正受給が増加しているとの報道が増え始め、特に、二〇一二年四月に人気お笑いタレントの母親が生活保護を受給していたことがマスコミで取り上げられたのを契機に、当時野党であった自民党の生活保護問題プロジェクトチーム所属議員らが主導する〝生活保護バッシング〟の嵐が吹き荒れることとなりました。

自民党の公約

二〇一二年第四六回衆議院議員選挙にあたり、自民党は、選挙公約（重点政策二〇一二）として、「生活保護の見直し」と題し「『手当より仕事』を基本にした自立・就労促進、生活保護費（給付水準の原則一割カット）・医療費扶助の適正化、自治体における現金給付と現物給付の選択的実施など抜本的な見直しを行」うことを打ち出しました。

すなわち、生活保護問題プロジェクトチームの削減目標がそのまま公約化されたのです。同年一二月の総選挙の結果、自民党は安定多数を確保して政権を獲得しました。

この結果、翌二〇一三年一月三一日、厚生労働省は約六七〇億円の保護費を削減すること、及び、期末一時扶助について同年一二月分のみで約七〇億円の保護費を削減する方針を公表したのです。生活保護基準の引き下げという受給者の生活に多大な影響をあたえる政策決定が極めて短期間に行われたのです。この政策決定に、十分な調査や検証が行われたとは到底考えられません。

まとめ

以上の経緯をみれば、今回の生活保護の切り下げが、政治主導による結論ありきの政策であることがわかります。したがって、引き下げの根拠も合理的とはいえず、政府の削減目標に根拠を後付けしたものと考えられます。以下、生活保護費削減の根拠の不合理性について説明します。

■歪み調整分の問題点

歪み調整分とは

生活扶助基準の見直し額六七〇億円のうち、九〇億円は、「生活保護基準部会の検証結果を踏まえ、年齢・世帯人員・地域差による影響を調整」したものと説明されています。具体的には、生活保護世帯と年間収入階級第一・十分位層（すべての世帯を収入の低い方から順番に並べ、一〇等分したうちの、最も収入が低いグループ）との比較をするというものです。

第一・十分位層を比較対象としたことの問題点

(1) 消費水準均衡方式の考え方に反する

一九八四年以降現在に至るまで採用されてきた生活扶助基準の検証方式（消費水準均衡方式）は、

単純に第一・十分位の消費支出に生活扶助基準を合わせるというものではありませんでした。

消費水準均衡方式は、「平均的一般世帯の消費支出」、「低所得世帯（全世帯の下位四〇％以下の世帯）の消費支出」、「被保護世帯の消費支出」の三つを比較対象としています。

したがって、第一・十分位層のみを比較対象とすることは、生活保護を引き下げ方向に導くことになります。

(2) 最下位層との比較は際限のない引き下げを招く

また、生活保護の捕捉率（収入が最低生活費を下回っている世帯のうち、現に生活保護を利用している世帯の割合）は二割程度といわれています。

したがって、最下位層の消費水準との比較を根拠に生活扶助基準を引き下げることは、保護基準を際限なく引き下げていくことにつながります。

(3) 基準部会報告書が、消極的な姿勢を示していること

設置当初の生活保護基準部会では、委員らは、それぞれ独自に調査分析を行い、あるべき最低生活費を算定・発表してきました。慶応大教授山田篤裕委員は、単身世帯の最低生活費は一六万～二一万円であり、生活扶助基準（一級地二）の一三万八八三九円は、それを下回るものと報告しています。

しかし、厚生労働省は、委員らの調査成果を顧みず、二〇一二年一一月の第一一回部会において、第一・十分位層の消費実態と生活扶助基準を比較する検証方法を示し、報告書の方向付けを行いまし

た。

その結果、二〇一三年一月公表の生活保護基準部会報告書には、第一・十分位との比較によって生活扶助基準を引き下げることに対する委員らの懸念が表明され、基準の見直しに対する慎重な姿勢が示されました。

小括

歪み調整分とされる減額分の算定方式には、生活保護基準部会委員の専門的意見を無視し、従前の検証方式を大きく変更したという問題点があります。

またその算定方式は、生活扶助基準を際限なく低下させる危険があります。

■デフレ相当分の問題点

デフレ論／生活扶助相当CPIとは

生活扶助相当CPIとは、総務省が作成する消費者物価指数（以下、「総務省CPI」といいます）から、生活扶助に該当しない品目を除いた品目を対象として、生活保護世帯固有の消費動向に基づく物価指数（＝生活扶助相当CPI）を算出するものです。

厚労省は、概要、次に述べる計算方法により、二〇一〇年を基準年（指数「一〇〇」）として、二〇〇八年と二〇一一年の生活扶助相当CPIを比較しました。その結果、二〇〇八年の指数は「一〇四・五」、二〇一一年は「九九・五」であるとし、四・七八％の物価下落（＝デフレ）が生じたと公表しました（九九・五／一〇四・五－一＝△四・七八）。デフレが、この減額の根拠とされています。

a　総務省CPI作成の基礎資料である五八八品目のうち、家賃、教育費、医療費、自動車関係費、NHK受信料など生活保護受給世帯には支出が生じない品目を除いた品目を指定品目とする。

b　二〇一〇年を基準年（指数「一〇〇」）とする。

c　二〇〇八年の指数と二〇一一年の指数を比較する。

しかし、「生活扶助ＣＰＩ」の算定方法には、以下の問題があります。

計算方法の問題

(1)　消費水準均衡方式から逸脱すること

従前、生活扶助基準の指標とされていた消費水準均衡方式は、「物価」を基準とした調整方法ではありません。基準の枠組み自体を大きく変更するのならば、社会保障、統計、物価などに詳しい専門家の検討、意見をふまえるべきであるにもかかわらず、十分な検討がなされていません。

年金の基準の変更には物価スライドが法定されていますが、今回の生活保護基準はその枠組みを「告示」レベルで行ったことになります。

(2)　生活扶助相当ＣＰＩは、学説上の裏付けがない特異な計算方法であること

総務省が採用する、政府の公式の計算方法を「ラスパイレス指数」といいます。ラスパイレス指数とは、エティエンヌ・ラスパイレスが一八六四年に提案した、基準時の加重平均によって算出された指数をいい、世界各国が採用する計算方法です。

他方、厚生労働省が生活扶助相当ＣＰＩを算出した計算方法は、歴史上も学説上も存在しない特異

な算定方法であり、統計学や物価の研究者による、検証がされていません。この点については、後述の取消訴訟において、国は専門家による検証がなされていないことを認めたうえで、「厚生労働大臣の保護基準の設定及び改定の広範な裁量権の範囲として許容される」と開き直った姿勢を示しています。

(3) 基準年を二〇一〇年として二〇〇八年と二〇一一年の物価を比較することの問題

総務省が採用する政府の公式の計算方法は、五年毎に基準を設け、旧指数と新指数を、リンク係数を用いて接続し、指数の連続性を保ちながら、比較を行います（総務省統計局「消費者物価指数のしくみ――平成二二年基準消費者物価指数」参照）。

他方、生活扶助相当CPIは、リンク係数を用いず、基準年を二〇一〇年として二〇〇八年と二〇一一年の指数を比較します。

しかしこのような方法は、前述のラスパイレス指数とは全く異なる独自の方法です。厚生労働省の方法で計算した場合、二〇一〇年から二〇一一年はラスパイレス指数と同じ変化率になりますが、二〇〇八年から二〇一〇年にかけてはパーシェ指数という異なる指数と同じ変化率となります。この点は、二〇一四年六月の辰巳孝太郎参議院議員の質問主意書に対する内閣総理大臣の答弁で明らかになりました。

厚生労働省のこの計算方法は、そもそも統計の方法から逸脱しています。卑近な例をあげれば、AチームとBチームがサッカーのルールで試合をしていたのに、いつのまにか後半から、ラグビーのルールに変更があったようなものです。

また、パーシェ指数は物価の変化率に関し下方バイアスが働きます。したがって厚生労働省の計算式は、物価下落が過大に評価されることになります。

(4) 対象品目が異なること

統計においては、比較対象は同じでなければなりません。

例えば、物価の比較を行う際には、「米一〇〇g」、「豚肉一〇〇g」など、対象及び量を特定しないと比較できません。

しかし、生活扶助相当CPIでは、二〇一一年の対象品目と、二〇〇八年の品目とで、三二品目の差があります。これは、二〇一〇年度より、沖縄県の調査品目（「にがうり」や「ポーク缶詰」「ゆで沖縄そば」など）が加わったことを理由とします。

品目が異なるのですから、そもそも、物価指数の比較ができないはずなのです。ところが、厚生労働省はこれらを無視して物価を比較しています。

卑近な例を上げれば、カレーライスを作るための費用について変化率を調べる場合、二〇〇八年と二〇一一年の「米五〇〇gと牛肉一〇〇g、じゃがいも二〇〇g、カレールウ一〇〇g」の総額を比較すべきところ、厚生労働省は、二〇〇八年の「米五〇〇gと牛肉一〇〇g、じゃがいも二〇〇g、カレールウ一〇〇g」の総額と二〇一一年の「米五〇〇gと牛肉一〇〇g、じゃがいも二〇〇g、カレールウ一〇〇g、玉ねぎ一〇〇g」の総額を比較しているようなものです。

支出割合の問題

(1) 生活扶助相当CPIは、総務省CPIから、生活保護世帯が支出しない項目を控除して作成されました。ところが、以上の操作をした結果、個別品目の支出割合（以下「ウエイト」といいます）に歪みが生じ、むしろ、生活保護世帯の消費実態とかけ離れた結果になりました。

(2) 一般に、低所得になればなるほど、食費や光熱費等の生活必需品の支出に占める割合が大きくなり、教養娯楽費等の割合は小さくなります。特に、生活保護世帯は電化製品をほとんど購入することができません。ところが、総務省CPIから、生活保護世帯が支出しない項目を控除した結果、生活扶助相当CPIは、相対的に電化製品のウエイトが大きくなりました。筆者が、二〇一〇年の全国品目別ウエイトを基礎として計算した結果、総務省CPIのうち電化製品の占める割合は二・六八％ですが、生活扶助相当CPIでは四・一八％に跳ね上がります。

(3) そして、生活扶助相当CPIに含まれる品目のうち、二〇〇八年から二〇一一年にかけて、物価の下落率が高い一〇個の品目は全て電化製品です（電化製品価格の大幅な下落が、この間の物価全体のデフレを牽引《けんいん》していました）。

(4) したがって、生活扶助相当CPIは、総務省CPIと比較して、電化製品の占める割合が増大し、電化製品の物価下落が、過大に評価される結果になりました。

本来比較すべき年度を比較していないこと

前回の生活扶助基準の引き下げは、二〇〇四年に行われました。従って、本来、二〇〇四年の指数と二〇一二年の指数を比較すべきところ、生活扶助相当CPIは、二〇〇八年と二〇一一年を比較しています。ところが、総務省の資料（図10）でもわかるように、二〇〇八年は、一時的に物価が上昇した年です。だから、厚労省が、二〇〇八年を比較年としたことにより、物価の下落幅は大きくなるのです。

図10　消費者物価指数の推移

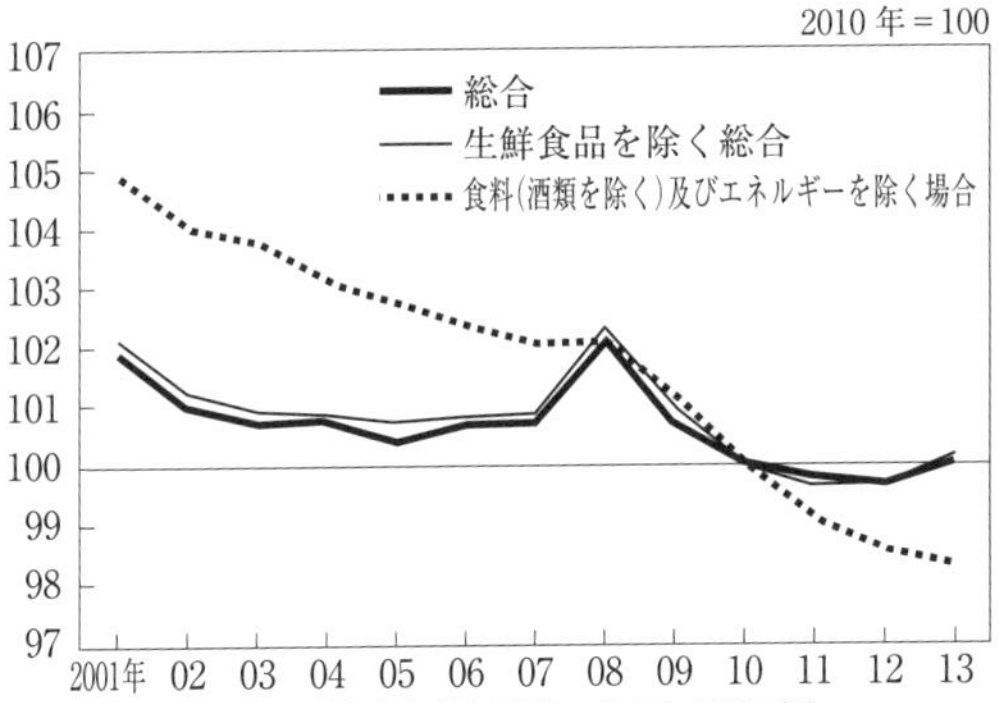

出所）総務省統計局「消費者物価指数の動向」（2013年）。

小括

生活扶助相当CPIには、統計学的な裏付けのない特異な計算方法であるという問題点、ならびに、物価下落（デフレ）が過大に評価される仕組みが施されているという問題点があります。

■引き下げに対する、支援団体、法律家のアクション

今回の生活扶助基準の引き下げは、生活保護法施行後最大のものであり、ナショナル・ミニマムに対する大きな脅威となります。また、被保護世帯以外の低所得世帯に大きな影響を与える危険をはらんでいます。

この引き下げに対して、法律家・支援団体（「生活保護基準引き下げにNO！全国争訟ネット」）が、「一万人審査請求運動」を呼びかけ、全国四七都道府県で一万六五四件（世帯）の審査請求の申立てがありました（二〇一三年九月末段階）。また、二〇一四年二月二五日の佐賀地裁への提訴を皮切りに、全国で二三地裁、原告七六八名が取消訴訟を提訴しており、生活保護裁判史上最大の集団訴訟となっています（二〇一五年六月三〇日現在）。原告、法律家、支援者の上記取り組みにご理解とご支援を賜りますようお願い致します。

また、本稿の作成については、「生活保護基準引き下げにNO！全国争訟ネット」における議論、及び、花園大学吉永純教授の著作『生活保護「改革」と生存権の保障』（明石書店、二〇一五年）によるところが大きく、ここに御礼申し上げます。

10　安倍政権の一億総活躍社会の欺瞞と「恐怖政治」

――困難を社会全体でひきうける社会をつくる民主主義を――

中西新太郎

■日本社会が抱える問題

安倍政権の「一億総活躍社会」というスローガンと政策を考える際、まず感じていることは、いまの日本の社会が壊れかけているという問題です。そして、誰が社会を壊しているのかという問題です。いま政権は自民党政権ですが、保守政権というより、右派政権――右翼と言ってもいい――としての性格がはっきりしてきています。そして右派政権ならではの乱暴なやり方で、新自由主義的な政策をすすめている状況です。

新自由主義「構造改革」ですすんできた社会の壊れ方が、さらに激しくなっています。象徴的なのが、二〇一四年の独立行政法人情報処理推進機構の「情報セキュリティの倫理に対する意識調査」の結果です。スマホやパソコンから悪意のある投稿をした経験のある人が、およそ四人に一人にのぼっています。しかも、それ以上に考えさせられたのは、投稿の結果、どんなことを感じたのかという問いに、いちばん多いのが「気が済んだ、すっとした」で、三一・九%だったことです。二位が「何も感じない」で二七・六%ですが、「やらなければよかったと後悔した」一三・六%の二倍以上です。

悪意ある投稿にもいろいろあるとは思いますが、ほめられたことでないことは確かでしょう。ところが、それをすることで「すっとした」というのは、象徴的なことだと思います。

社会が壊れるというのは、人と人とのつながり方が壊れていくことを意味します。日本社会全体がそういう問題を抱えていることは事実だと思います。

■「総活躍社会」とは

さて、「一億総活躍」ですが、「総活躍社会」という言葉は「総貢献社会」と言い換えることができると思います。もっと言えば、「総動員社会」とも言える。総活躍社会は、あたかも自分に活躍の余地があるかのように思わせる言葉として、スローガンの立て方自体に特徴的な言い換えがなされています。国民総背番号制を、「マイナンバー」と言い換え、国家の囚人になるような話を、個人番号カードをもっていることで便利さが増えるかのようにすり替えてしまうのと同じです。「総活躍社会」は、いままでは十分社会のなかで認められなかった人も活躍できるようにしますというイメージでしょう。しかも、総活躍社会のために「国民会議」がつくられ、民間の形をとって、動員組織するやり方になっているのも特徴です。

政策の中身の問題をひとまず置いておいて、「総活躍」を「総貢献」と考えたとき、社会に「貢献」する――貢献は悪いことではないから、何が問題なのかと思われるかもしれませんが――ときのできる・できないのモノサシは一体何なのかという問題がまずあります。そして、「貢献」しているのか、していないのかを誰が判断するのかという問題があります。前者について言えば、安倍さんは、合計特殊出生率一・八ということを打ち出していますが、では子どもを二人産まなかったら、「貢献」が足りないということなのかが問われます。

「そんなことはない」と言うかもしれませんが、子どもを生んでもらわなければ、国家が困りますという本音は、菅義偉官房長官が、歌手で俳優の福山雅治さんと俳優の吹石一恵さんの結婚に関し、テレビ番組で「この結婚を機にママさんたちが『一緒に子どもを産みたい』という形で国家に貢献してくれればいいなと思う。たくさん産んでください」と発言したことからも透けて見えます。

「貢献」できる・できないのモノサシが外から与えられていることになると、たとえば、年金生活者や生活保護受給世帯は、当然、このモノサシでは「貢献」していないということになります。「総活躍」を「総貢献」「総動員」と言い換えると、年金生活者であっても、生活保護受給世帯であっても、そうやって「貢献」できるようにがんばってくださいと言っていることになるのです。なぜなら、年金生活者――生活保護受給世帯、障がい者もそうですが――は、社会に「貢献」していないという前提があり、社会に援助してもらっているのだから、それなりの形で「貢献」するのは当然ではないかという主張が「総活躍社会」というスローガンのなかには含まれていることになるからです。

もっと言えば、「貢献」するというのは「国民の義務」だと暗に述べているのではないか。「総活躍社会」は、「国民の義務」を国民全員が果たせということを要求しているのです。社会的ひきこもりの人にしても、生活保護受給世帯の人にしても、支援をほしいのならそれなりの貢献をしてくださいという取り引き、交換条件の形になります。具体的な場面に照らしてみると、職業訓練を受けたり、どんな働き方でも仕事に就く努力をしないと支援をあたえないというワークフェアに近いやり方が当然のこととして要求されます。年金世帯で言えば、すでに検討がささやかれているように、年金支給開始はさらに先にのばして、「貢献」できる間は、してもらいましょうという形です。それが全体のスローガンに込められている意味だと思います。

■「総活躍社会」の隠す実態

具体的な政策の案が出されています。それを見ると、その政策メニューは、「介護離職ゼロ」にしても、「待機児解消・こども子育て支援」にしても、「最低賃金一〇〇〇円」にしても、全体に向かっていく方向は、使い勝手のいい、低処遇の非正規労働者を膨大につくっていく政策以外の何ものでもないと言えます。明らかな右派政権であるのだけれど、新自由主義的な政策をおしすすめる。正規労働者を削減し、非正規労働者を大量に――すでに大量になっているわけですが――つくりだすことが当たり前の社会にしていく。

また、待機児解消に関して言えば、保育士不足が大きな問題となり、潜在保育士七〇万人の活用が課題だとされています。ところが「緊急に実施すべき対策」とされるものには、「保育士の処遇を改善する」というものは一つもありません。厚生労働省にいたっては保育士資格を持っていなくても保育に携われるようにするとまで言い始めています。すでに部分的には、保育士の確保が難しい送り迎えの時間帯は配置要件を弾力化して、保育士は一人でもいいという、いわば保育所版「ワン・オペレーション」といえるようなことをすすめようとしています。そこで働いている労働者の処遇をどう向上させていくのかという視点はみごとに抜け落ちています。

「最低賃金一〇〇〇円」というのも、あくまで「目指す」であり、いつ実現するのかは明確ではありません。「『最低賃金一〇〇〇円』はいまよりもずっと高い」と思う人はいるかも知れません。しかし、そういうプログラムは、非正規であっても最低賃金で普通に働いて、安心して暮らせるということを保障するためには何が必要なのかという裏づけがないとダメだと思います。しかし、それがまったくありません。

ＡＥＱＵＩＴＡＳ（エキタス）という最近若い人たちがつくった「最低賃金を上げろ」という要求を掲げた団体が、「一五〇〇円の最低賃金」を掲げて、二〇一五年一二月一三日にもデモをおこないました。彼らは、「普通に働いて、それで生活を支え、生きていくために必要なもの」を求めています。「一億総活躍社会」は、それに応えたプログラムにはまったくなっていないのです。この間、非正規労働者が増えたのは、派遣法の改悪がくり返されるなど非正規労働者を増やす政策がとられたからにほかなりません。しかし「緊急対策」のなかには、そうした労働の規制については書かれていません。むしろ、場合によっては、「正規労働者を金銭解決で解雇してもＯＫ」というものが、「一億総活躍社会」のプログラムでもいいではないかと言いかねない政策となっています。

「総活躍」と言っている中身は、政策的にはこのように位置づけられています。しかも、その一方で、法人税の引き下げも掲げられているわけですから、まともに読めば、これが「総活躍」とは無縁の、怪しいものであることがわかります。少し横道にそれますが、あきれるのが奨学金についての記述です。「マイナンバーを活用しつつ……『所得連動返還型奨学金制度』の導入に向けて取り組む」とあります。収支をすべて把握・捕捉し、「ちゃんと返せ」としか読めません。奨学金は、国際的には「貸与」ではなく「給付」という方向が当たり前になっています。日本では無利子どころか、有利子が中心です。その給付型の推進が政策のなかにはまったくありません。まさに、「活躍してもらう」のではなくて、「国家に貢献しない限り、あなたたちには支援はありませんよ」ということを具体化していくやり方になっているのです。

この「一億総活躍社会」に対しては、こういう批評をしなくても、経済界のなかからも、政策上「支離滅裂」、「スローガンだけで具体的な政策はいろいろなものの寄せ集めだ」という批判があがっています。しかし、怖いのは、新自由主義的な形での不安定な働き方と生活を強いられる層の困難が、あたかもみんな活躍し、社会に認められる社会にするというオブラートにくるまれ見えなくなってしまう点です。ここは大きな問題で、決して軽視はできません。「こんなものはデタラメだ」「政策としてなっていない」と言うのは簡単ですが、アベノミクスの失敗を覆い隠す面があることは、軽視せずによく見ておく必要があると思います。

■安倍政権の「恐怖政治」

二〇一五年夏は、戦争法に反対する世論がもり上がり、たくさんの人が立ち上がって運動しました。安倍政権は追い詰められていくと思っていたら、支持率が相変わらず五割を維持していることに対し、

「どうしてなのか」という疑問が出てきています。これも安倍右派政権の大きな特質だと思いますが、私は、簡単に言うと一種の「恐怖政治」になっているからだと考えています。それも、決して脅しつけるやり方ではなく、です。

いま日本社会では、貧困化が解消されないどころか、急激にすすんできています。いろいろなデータをみれば明らかです。従来のいわゆる保守政治の貧困化対策のイメージは、「ばらまき」との批判もありましたが、貧困が目に見えて「ひどい」ということになると困るので、地域ごとに抑え込むというものでした。「地方創生」も名目上ですが、そういう意味あいを持っていたかもしれません。ところが、安倍政権では、貧困があることを問題とするのではなく、むしろ「貧困になるとこんなに大変なのだ」ということを見せておくことが重要な特徴になっています。

従来から、生活を維持するためには自民党でないと不安だと考える人は多かったと思います。そして保守政治家は、少なくとも自分の集票の範囲、政治的な枠のなかで、貧困の状態などの問題が表面化しない方がいいという考え方を持っていました。ところがいままでは逆に、貧困に追い込まれると、孤立し放置されたまま、誰も助けてくれない――そうした状態になれば大変だということを見せつけています。だから、貧困への対策は法律をつくってすすめますと言うわけですが、その内容は、貧困があること、あるいは貧困が続いていることが前提で、貧困をなくすことを目指す政策とは違うものになっているのです。

貧困の状態が世間にさらされる、社会にあることが明らかになることで、人々の、自分はそうならないように何とかしようという不安と恐怖を駆り立てる――ここに安倍政権の大きな特徴があります。

そして、それは貧困であれ、場合によっては障がいをもっていることであれ、さまざまな理由で生活の困難や、生きていくことの困難に陥ることは、まずい事態であり、自分は何としてもそうならないようにしなければいけない、というところに心理的に追い込んでいくことになるのです。

■「自己責任」の構造

貧困は一つの例ですが、さまざまな困難は、多くの日本社会の人たちをそういう心理に追い込んでいくための「さらし台」となるわけです。だから、「対策はとります」とは言っても、貧困を本当に克服するための政策は絶対にとらない。これが新自由主義政権、安倍政権の大きな特徴です。結局、貧困にしても何にしても、そうならないためには、自分や家族の努力でがんばらなければいけないと、個人の次元に置き換えるのです。

貧困だけではありません。例えば、被害に遭うことも同じです。二〇一五年の、神奈川・川崎の中学生がいじめで殺された事件や大阪・寝屋川の中学生殺害事件では、加害者や加害者の家族がネット上でさらされる――そうしたことは以前から続いていることですが――ことがおこりましたが、加害者だけでなく、被害者の親もさらされています。川崎の場合では母親を「なんで放っておいたのだ」と攻撃する言葉がネット上にさまざま書き込まれました。被害に遭っても「お前の落ち度だろう」

「家族の落ち度だろう」と非難されるという状態が生まれているのです。

貧困はけっして個人のせいではありません。ましてや被害に遭うことは、被害に遭った人やその家族の責任であるはずがありません。それなのにそうやって攻撃されるわけです。すると簡単に被害に遭ってもいけない、あるいは自分にちょっとでも「弱み」や「スキ」があると攻撃されることになります。

忙しくてなかなか子どもの面倒をみられないことが「スキ」になる。しかし、夜働いていれば、子どもの面倒をみることはそう簡単ではありません。学童保育にあずけるにもお金がかかり、学童保育にあずけられない経済状態の家庭もあります。そうした家庭では子どもは学校が終わったら外で遊ぶしかない。にもかかわらず、そうしたことが「スキ」や「弱み」「落ち度」になってしまうのです。「そういう被害に遭うのはお前にスキがあったからだ」となると、絶対に「弱み」はみせない、「スキ」はみせないように、自分の働き方、暮らしも考えていかないといけないことになります。

これが、現在の典型的な「自己責任」の構造なのです。たんに、「あなたの努力でがんばるのですよ」という政策がおこなわれているだけではなく、社会をつくっている社会人として、いっしょに働いたり、生活している人たちの間で、お互いに「弱み」をみせてはいけない、被害に遭ってはいけないという関係が当たり前になって、心理的にも追い込まれることになります。自己責任の問題はそこに根があるのです。

■新自由主義がもたらしたもの

そうした構造があるから、政策上は、「貧困の問題をけっしてその人だけの責任だとは言いません」と言えるわけです。実際に「貧困の再生産は防がなければいけない」ということは、貧困対策の法律のなかでもうたわれています。ただ、それで「自己責任」の問題が解決できるかと言えば決してそうではありません。支援を受けなければいけないような状態を「弱み」だとか、「スキ」だとかみなされ、力の足りなさは「あなたのせいでしょ」と言われることがわかっているので、「お互いにそうならないようにしよう」ということになるからです。「相互規制」、もっと言えば「相互監視」みたいな厳しい形の圧力がかかるようになっています。

例えば、家庭の子育てであれば、主として母親――働いている女性が多いですが――が、子どもに何か問題が起きたときには、「あなたの育て方が悪かったのでしょう」と、いつでも言われる可能性があり、そう言われないようにしなければいけなくなります。それがわかっているので、自分の「弱み」はみせられないし、自分には「スキ」がなかったことを示さなければいけません。結局「自分は悪くない」というすがたを、まず社会に向かってきちんと示せないとダメだという圧力がつねにかかることになります。

しかし、この圧力は、少し考えればおかしいと思えるものです。例えば、障がい者について、障がいをもっているのは自分の責任ではないと誰でも言えるでしょう。聞けばみんなそう答えると思います。ところが通勤ラッシュなどで混んでいる電車に車椅子で乗ってくる障がい者に対しては「迷惑だ」と平気で言ってしまいます。「障がいをもっているのは個人の責任ではありません」という建前は、そういう関係のなかでは通用しないのです。小さなお子さんをバギーに乗せて電車に乗るときについても「迷惑だ」「迷惑じゃない」という議論があるくらいです。そもそも、ほかの人よりも不利な条件で移動しなければならない人が、自分の必要に応じて安心して移動できるような環境や保障があるかないかが問題なのに、お互いの関係のなかでは、そうではなく、「迷惑」云々という問題が生じてしまうわけです。

そうなってくると、「自分は悪くない」ということを言うために、「ほかの人間は悪い。こういう落ち度があるから悪い」ということをはっきりさせる、――他者の落ち度を発見したり、批難できれば自分は悪くないと言えるという関係がつくられてくることになります。ネットの世界ではとりわけそういう状態が広がっています。例えばいじめの加害者に対しては、「加害者を批難するのだから、どんなに攻撃したっていいでしょう」という心理で、攻撃がなされます。それは〝正義〟の立場であって、「自分は少しも悪くない」と思える。加害者をみつけることは、自分は悪くないと言えるかっこうの機会であるわけです。被害に遭った人に対しても、被害にあった「落ち度」をみつけて攻撃をすれば、それで「自分は悪くない」となり、社会のなかにいられるというわけです。

以前、ある母親がネットを通じて子どもをベビーシッターに預け、子どもが殺された事件がありました。あのときも、母親に対し「なんでそんな危ないところに預けたのか」と批難が集中しました。ギリギリで生活し、ほかに安く預かってもらえる場所がない、安心な場所を社会が保障していないという現状、事実には批判がいかなかったのです。「なぜ子どものことを最後まで考えてやらなかったのだ」というところを「落ち度」にし、それをみつけて批難することによって、自分を「悪くない」というポジションにおく関係がつくられているのです。日本の社会ではいたるところでそういう状態が生まれています。これが新自由主義政治がつくり出した社会の形だと思います。

働く場面でも、人生のあらゆる場面でも、「私はちっとも悪くない」ということの証明をつねに迫られ、そう言えるために、ほかの人間がいかに落ち度があってダメかということを、お互いにみつけあうような形になっています。田《でん》我《が》流《りゅう》とＥＣＤによるラップに「みんながみんなをなぜ見下す　必死に下見つけなに見出す」という一節があるのですが、みんながみんなを見下さないと、自分の足下が危うくなるような社会をつくり出してしまったのです。それは日本で暮らしている人の性格が悪くなったとか、根性がねじ曲がったからではなく、明らかに新自由主義政治の産物であり、その結果、社会が崩れかけているということだと思います。

■戦後日本に根差す被害の切り捨て

この「自分が悪くない」ということを示さないと、自分自身の足下が危ういという心理がつくられてきた経緯は、戦後日本の歴史に深く根差しています。例えば、沖縄の問題、さらには広島・長崎の原爆の被爆者認定問題を考えてみましょう。広島・長崎の被爆の問題は、長い期間のたたかい、認定訴訟にもかかわらず、被害を受けた被爆者が放置されてきました。政府や国家が、被爆者の被害を認め、社会がその被害をうけとめて解決することをしてこなかったのです。

近くでいえば、福島の原発の被曝問題、東日本大震災の被害者の問題も同じです。被害を受け、その被害を回復していくために社会が、政府がどうするかというやり方で政策が立てられるのではなく、被害を受けたまま亡くなった方もいるし、被害を回復されないままに過ごしているたくさんの人たちがいるにもかかわらず、国は放置しています。私は「置き去りの構造」とよんでいますが、戦後日本の歴史のなかで、そういう「置き去りの構造」が多く存在し続けたのです。

最近では、沖縄の米軍基地の問題が典型的です。翁長雄志知事の代執行裁判での陳述は沖縄の歴史から始まっています。それは当然のことで、政府や国家は、沖縄が被った甚大な被害と犠牲を戦後の歴史のなかで置き去りにしてきた。その出発点から考えなくてはいけないと翁長さんは強調しているのです。

こういう「置き去りの構造」が放置されればどうなるのでしょうか。大きな被害や苦難、犠牲が回復されず、見過ごされてしまうことを、教訓として学ぶことになると思います。被害などは、回復されないし、いくら言っても、政府も国家もけっしてうけとめようとしないと。ある地域、ある人々の苦難や被害を放置することが、社会全体で、それぞれ「自分たちは悪くない」ということを言い続けて、自分たちの生きていく場所を何とか守るしかない状況に追い込んでいくための大きな歴史的な条件になっているのです。

だから、被爆の問題にしろ、沖縄の辺野古の問題にしろ、そこで被害を受けている人たちの被害をなくすこと、回復することは、そのことだけにとどまらないで、いろいろなところで生まれている困難や被害はけっして個人がそれを我慢したまま生きていくしかないということではなく、社会全体でうけとめて考えていくことができる、そういう方向を向いていくための大きな力になります。そういう自分たちの問題なのだと考えないといけません。

■「置き去り」社会

これに対し、安倍政権がやっていることは、徹底して「置き去り」です。政府なり国家なりがきちんとうけとめてもらわないと困るという問題を、徹底的に無視し、「置き去りの構造」を社会の基本的な枠組みにしていく。これを許してしまうと、さまざまな場面でいまも生じている被害や困難の問題が、結局のところ「無視していい」ということにされます。そういう構造を、権力を使って固定化していくことがすすめられていると思います。

戦後の歴史のなかで、困難や被害をある程度切り捨てていく構造が、とりわけ保守政治のなかであったことは事実です。しかし、とくに九〇年代の末以降の「構造改革」の浸透のなかで、生活状況も労働状況もきわめて困難になり、貧困化がすすんでいるなかでの「置き去りの構造」は、NHKその他で貧困の厳しい状態が報道され、知れわたるからこそ、「そうならないために自分で努力をし、自分はちっとも悪くない、貢献していることにしなければダメでしょ」という意識を広げる効果をもたらします。いま被害を受けている人だけではなく、国民全体、日本社会で生きている人全体の生活が、より追いつめられた状況のなかで、社会を切り替える方向ではなく、何とかしてそのなかで生き延びることのために、がんばらないといけないという心理に追い込んでいく。これが私が「恐怖政治」という言葉で言いたかったことなのです。

ネット社会で、被害者に対して、これだけ露骨に攻撃を加えるような状況は、想像を絶することだと思います。しかし、悪意ある投稿をして「すっとした」という感想がいちばん多いという状態を見れば、これまで社会のなかでのお互いのつながりで、「これが普通だろう」と考えてきた感覚が壊れていると考えざるを得ません。

二〇一五年七月におこなわれた横浜市の「人権に関する市民意識調査」（発表は一一月）によると、

「差別についての認識」では、「差別があるのはしかたがない」という回答が二〇代では四三・五％にのぼりました。三〇代でも二九・一％です。「差別されてもしかたがない」とは、簡単にいえば「落ち度があったり、そうされても仕方ない、人権なんか主張できない人たちがいる」ということを意味します。それが普通になりかけているということは、「あなたには人権はありませんよ」ということを簡単に言える社会にすでになりかけているということです。

犯罪の加害者や、虐待する親などに対して、「こんなやつに人権はあるのか」ということをさかんに言います。「いくら何でもこの虐待・犯罪はひどいのではないか」という心理に乗じて、そういう考え方が主張される。しかし、それでは、加害者に限らず、世の中には人権を主張できないような人がいることを当たり前にしていくことになりかねません。そして、その「人権がない」人たちとは、自分の側に「落ち度」があったり、「弱み」があったりする人なのです。生活保護受給者に対するバッシングも同じで、つきつめていえば、「生活保護受給者には人権がないのだから、監視でも何でもすればよい」ということになる。

しかも、加害者への攻撃は対象がどんどん広がっていく可能性があります。世界的には、「テロリストは人間と思わなくていい存在だ」という言い方がされるようになっています。テロリズムを批判することは大切ですが、だからといって、彼らは自分たちとは違う世界に住んでいるのだから人間と思わなくていい、テロリストを撲滅するためにはどこへ爆弾を落としても構わない、それで犠牲になったテロリストでない人に対しては、偶然の過ちで「すみませんでした」で済んでしまうことになる――そんなふうに思えてしまうのは怖い。世界的にそういう状況になっています。日本の社会では、テロについてのそんな実感はないと言われるかもしれませんが、社会の支援を受ける資格のない人たちがいるという感覚はテロリストを人間と見ない感覚に近づいています。

新自由主義政策のなかで「真の弱者を救済するのだ」といういい方がされていますが、その「真の弱者」というのは、社会にそれなりに貢献できる人、それなりに社会に対して「救済する資格」があると証明できる人、「落ち度のない弱者」だけを救えばよいということに過ぎないのです。

■「恐怖政治」に対抗する民主主義

では、こうした「恐怖政治」にどう対抗するのか、です。私は最近、『人が人のなかで生きてゆくこと――社会をひらく「ケア」の視点から』（はるか書房、二〇一五年）という本を書きました。そこでは、いま言ったような社会の状況を背景に、「社会的な弱者」をどう支援するかの方向について考えました。「弱者救済」の関係を考えたとき、支援者は「弱者」が困難を抱えているから、その困難を克服するために支援しようとします。形の上ではそうした「支援」――「非支援」の関係かもしれませんが、ケアが真に意味することは、貧困や障がい等々、社会的に引き起こされるいろいろな困難を個人の問題にしないで、社会がどう引き受けられるのかに焦点を当て、ケアや救済の意味を考え直し、方向を変えていくということだと思います。

社会的弱者はそれなりに困難があり、大変なのだから、社会的に支援しなければならないと考えるのは必要です。その支援やケアの考え方のいちばん大切な点は、私たちはみんなでこの社会をつくっていて、社会のなかで起きた困難をどうやって発見し、それをどうやってうけとめて、その問題を社会で解決できるのかだと思います。それがいま、まったく逆になっています。「弱者だ」と言うのなら、弱者であることを自分で証明しなさいと逆に求められる社会です。それは「弱者救済」でも社会的な弱者に対する支援でも何でもありません。にもかかわらず、そんな逆転した考え方にもとづくやり方を「支援する」「救済する」と強弁する社会のあり方や社会の考え方がいちばん大きな問題ではないでしょうか。

そもそも安倍政権は、「総活躍社会」「総貢献」と言うのならば、自分たちが、主権者である私たちに対してどれだけ貢献しているのか、いまの日本の社会の人たちがぶつかっている生活困難や労働の困難を、どううけとめて、自分たちがその解決にどう貢献しているのかを自分たちの方で証明するべきでしょう。

ところが現在の政治の現実はまったく逆の方向です。辺野古の基地問題についていえば、「国家のいう通りにしろ」と言っているに過ぎません。沖縄の人たちがぶつかっている困難、長い間不利な条件の下に置かれてきたことを、為政者としてどううけとめるかという立場には、一切立っていません。この逆転を正して、壊れかけた社会を立て直すための考え方が必要です。それが民主主義だと思います。もちろん議会を中心にした代表民主制を正常に機能させるという考え方があり、それは重要です。しかし、それだけではなく、「弱さ」や「スキ」、そして困難を個人個人が解決するのではなくて、社会全体でうけとめられるような社会のつくり方にするための民主主義が必要です。ケアの問題を考えることは、そうした民主主義のあり方を考えることと本質的に結びついている――このことが私が本のなかで言いたかったことです。

ＳＥＡＬＤｓの人たちが、「民主主義って何だ」「民主主義ってこれだ」と言う場合の意味は、人によってたぶん違っていると思います。根底にあるのは、国会前だったり、自分たちで声をあげ、集まってきた人たちが、みんなで自分の考えていることを意思表示し、行動に表している――それを権力者にうけとめさせるのが民主主義の力だという意味だと思います。私は、それにつけ加えて、そこでまだ声が出せない、力が持てない人たちは、黙っているしかないのではなく、そういう人たちの沈黙も含めて、社会がうけとめる、沈黙のなかに閉じこめられて、置き去りにされているような困難も、社会の明るみに出してみんなで解決していく、そういうやり方ができるのが、民主主義の力だと言いたいのです。

立命館大学の大澤茉実さん（ＳＥＡＬＤｓ　ＫＡＮＳＡＩ）が、二度のスピーチで、「自分の友だちには、こういう場にまったく参加できない、話すことができない、そういう人たちがいるからこそ私は話すのだ」という意味のことを話されていました。少し言葉を足せば、そこで声を出せる人だけではなく、社会のなかで大変な、苦しい状況で生きている人たちの要求や、声にならない声をうけとめられてこそ、その社会の水準や質が証明されるということだと思います。安倍政権がやっていることはまったく反対で、社会の質を劣化させる、社会を壊していく方向に向かっているのです。

社会が壊れるということは、人間が壊れるということです。人間を壊していく社会になっていくことになります。それを許してはいけない。代表民主制すら無視している安倍政権です。そうした民主主義的な原理に立つ政権とは言えない安倍内閣を許してはなりません。

執筆者紹介（収録順）

1　若年･未婚･低所得層の住宅事情調査から見えてきたもの

稲葉　剛〈いなば・つよし〉

1969年生まれ。認定ＮＰＯ法人自立生活サポートセンターもやい理事・立教大学特任准教授。著書は『生活保護から考える』（岩波新書、2013年）など多数。

2　若者と貧困――格差社会の中で絶望的な孤立の中で生きる若者たち

青砥　恭〈あおと・やすし〉

1948年生まれ。さいたまユースサポートネット代表・明治大学講師（兼任）。著書は『ドキュメント高校中退』（ちくま新書、2009年）。『若者の貧困・居場所・セカンドチャンス』（太郎次郎社エディタス、2015年）

3　増え続ける貧困高齢者――その原因とメカニズム

唐鎌直義〈からかま・なおよし〉

1952年生まれ。立命館大学教授。著書は『脱貧困の社会保障』（旬報社、2012年）など多数。

4　支援の現場から見えてきた高齢者の貧困

藤田孝典〈ふじた・たかのり〉

1982年生まれ。ＮＰＯほっとプラス代表理事・聖学院大学客員准教授。著書は『下流老人』（朝日新書、2015年）など多数。

5　子どもの貧困を考えるうえで大切なこと　**松本伊智朗**〈まつもと・いちろう〉

1959年生まれ。北海道大学教授。著書は『子ども虐待と家族』（編著、明石書店、2013年）など多数。

6　子どもの貧困と学習支援――その意義と限界

川口洋誉〈かわぐち・ひろたか〉

1979年生まれ。愛知工業大学准教授。著書は『テキスト教育と教育行政』（編著、勁草書房、2015年）など多数。

7　高卒女性の一二年をとおして見えてきたもの　**杉田真衣**〈すぎた・まい〉

1976年生まれ。金沢大学准教授。著書は『高卒女性の12年』（大月書店、2015年）。

8　歴史のなかで生活保護の意義を考える　**尾藤廣喜**〈びとう・ひろき〉

1947年生まれ。弁護士・生活保護問題対策全国会議代表幹事。著書は『改訂新版　これが生活保護だ』（編著、高菅出版、2006年）など多数。

9　生活扶助基準引き下げの問題点　**森田基彦**〈もりた・もとひこ〉

1980年生まれ。弁護士。著書は『生活保護と扶養義務』（共著、民事法研究会、2014年）。

10　安倍政権の一億総活躍社会の欺瞞と「恐怖政治」――困難を社会全体でひきうける社会をつくる民主主義を

中西新太郎〈なかにし・しんたろう〉

1948年生まれ。横浜市立大学名誉教授。著書は『人が人のなかで生きてゆくこと』（はるか書房、2015年）など多数。

ここまで進《すす》んだ！ 格差《かくさ》と貧困《ひんこん》

2016年4月5日　初　版
2017年9月20日　第4刷

著　者　稲葉　剛・青砥　恭・唐鎌直義・藤田孝典・松本伊智朗・川口洋誉・杉田真衣・尾藤廣喜・森田基彦・中西新太郎

発行者　田　所　　稔

郵便番号　151-0051　東京都渋谷区千駄ヶ谷4-25-6
発　行　所　株式会社　新　日　本　出　版　社
電話　03（3423）8402（営業）
03（3423）9323（編集）
info@shinnihon-net.co.jp
www.shinnihon-net.co.jp
振替番号　00130-0-13681
印刷・製本　光陽メディア

落丁・乱丁がありましたらおとりかえいたします。

ISBN978-4-406-06004-2　C0036　Printed in Japan